情報・技術経営シリーズ 10

ビジネス情報システム

工学博士 薦田憲久
博士(工学) 水野浩孝 共著
博士(工学) 赤津雅晴

コロナ社

刊行のことば

　グローバルに敷設された情報ネットワークと高度な情報技術の開発と利用は，高度情報化社会を急速に構築し，社会構造のあらゆる面において変化を引き起こしている。高度情報化社会における企業経営は，情報がもつ普遍性と独自性との関係でその内容は大きく変遷するであろう。このような社会では，市場優先主義が急速に浸透し，設計技術，製造技術，技術開発そして製品化体制など，あらゆる面で企業経営の在り方をも変えようとしている。

　特に，グローバルな環境での技術開発と技術の商業化競争がますます激化する中で，従来の学問体系の中での技術の在り方，あるいは市場のとらえ方などでは，もはや新たな世紀における企業経営基盤を確立することはできない。戦略的な企業経営に必要不可欠である情報技術の理解と，企業経営のコンセプトの重要性を吸収するための知識資源が求められているといえよう。

　わが国の教育体系は，長らく「理工系」そして「文系」という基本的な認識のもとで，学ぶべき内容が明確に分けられてきた。しかし，グローバルな視点と柔軟な思考とを身につけた技術者こそが，新たなる世紀を担う人材であり，理工系学生そして文系学生というとらえ方ではなく，グローバルな視点を有するジェネラルマネージャ的なセンスにも磨きがかけられればとの思いを基本とした教科書の必要性を痛感してきた。

　本シリーズは，分野のいかんにかかわらず，情報システムとしてその管理，そして情報技術とその処理に関してわかりやすく解説したものや，情報システムの利用者・計画者の立場で必要な知識体系を解説したもの，また，企業経営においてグローバルな視点を意識したジェネラルマネージャとしての技術活用とその管理について解説したものがある。さらに，本シリーズにおいて必要な内容は随時追加する予定である。

幸い，企業で豊富な業務経験を有し，各方面で活躍している方々にご執筆いただくことができたので，読者の期待に十分応えられる内容であることを確信している。

本シリーズが，新たな視点へのアプローチと具体的な問題解決に資することができれば幸いである。

1999年8月

企画世話人　薦田　憲久（大阪大学大学院教授・工学博士）
　　　　　　菅澤　喜男（日本大学大学院教授・工学博士）

まえがき

　1990年代のパソコンの低価格化とインターネットの商用利用解禁など，組織，企業の情報システムは大きく変貌してきている．これらは情報を扱う道具の変化であるが，性能やコスト面でけた違いの変化が起こると，それを使う組織や業務を大きく変貌させることになる．すなわち，紙や電話を前提とした組織や業務は，インターネットで接続されたパソコン上での情報処理を前提としたものに変わる．そして，その圧倒的な情報処理能力は，大量生産を前提としたピラミッド型組織，年功序列，終身雇用など総合企業に代表される古く硬い企業パラダイムを打ち砕き，情報技術を活用したネットワーク型組織，成果主義，アウトソーシング，バーチャルコーポレーションに代表されるフレキシブルな組織，個人の能力を発揮させる企業パラダイムを招来している．

　このような社会や企業においては，もはや情報技術の知識は特定の情報処理技術者だけが知っていればよいというものではなく，すべての人々がコンピュータ技術や通信技術などの情報技術について，一定レベル以上の知識をもつことが不可欠になってくる．このような状況を背景として，理工学系学生のみならず文系学生や企業情報システムに関係する社会人を対象とした入門用に，本シリーズより「企業情報システム入門」を6年前に出版したが，情報技術とそれに伴う社会の変化は急激であり，内容が陳腐化してきた．特に，前著執筆当時の1998年には，インターネットの普及率は家庭で11%，事業所で19%で，1700万人のみがインターネットを利用していたのが，わずか5年後の2003年には家庭で88%，事業所で83%に達し，利用人口も7700万人の人が利用する状況になった．このような情報インフラの大幅で急激な変化は，それを前提としたビジネス，業務プロセス，そして情報システムの評価に大きな変化をもたらした．

これに対応するため，前著の内容を大幅に更新することになった。具体的には，2章で説明する製造業や流通業などの企業における典型的な情報システムを一新したほか，ほかに入門書，専門書も多い情報技術に関する内容や動向を削除し，代わりに，近年急激に問題になっている情報システムのコストや評価に関する話題や，セキュリティに関する内容を新しく追加した。また，急速に普及している電子商取引に関する説明も大幅に増やしている。

　本書の執筆分担はつぎのとおりである。

　　1, 3, 7章；　薦田
　　2, 6章；　水野
　　4, 5章；　赤津

　最後に，本シリーズならびに本書の出版の機会を与えていただき，多大なご協力をいただいたコロナ社の方々にお礼申し上げる。

2005年6月

薦　田　憲　久
水　野　浩　孝
赤　津　雅　晴

目　　　次

1　企業情報システムの概要

1.1　企業情報システムの構成 ……………………………………………………… *1*
1.2　組織における情報処理の分類 ………………………………………………… *3*
1.3　企業情報システムの発展過程 ………………………………………………… *9*
1.4　情報化のインパクト …………………………………………………………… *16*
1.5　情報システム部門の役割 ……………………………………………………… *18*
1.6　情報サービス産業 ……………………………………………………………… *20*

2　業種別の典型的情報システム

2.1　企業情報システムの一般モデル ……………………………………………… *23*
　2.1.1　さまざまな業種の企業 …………………………………………………… *23*
　2.1.2　企業情報システムに共通するシステム構成 ………………………… *24*
2.2　製造業情報システム …………………………………………………………… *26*
　2.2.1　製造業における情報システムの構成 ………………………………… *26*
　2.2.2　見　込　生　産 …………………………………………………………… *28*
　2.2.3　受　注　生　産 …………………………………………………………… *32*
　2.2.4　原　価　管　理 …………………………………………………………… *33*
　2.2.5　ERP ………………………………………………………………………… *34*
　2.2.6　サプライチェーンマネジメント ………………………………………… *35*
2.3　流通業情報システム …………………………………………………………… *38*
　2.3.1　流通業における情報システムの構成 ………………………………… *38*
　2.3.2　販売管理，在庫管理，受発注 ………………………………………… *39*

目次

- 2.3.3 物流・配送 … 41
- 2.3.4 売れ筋分析，顧客分析 … 43
- 2.3.5 EDIとeマーケットプレイス … 45
- 2.3.6 トレーサビリティ … 47
- 2.4 金融業情報システム … 49
  - 2.4.1 金融業における情報システムの構成と変遷 … 49
  - 2.4.2 営業店システム … 53
  - 2.4.3 サービスデリバリーチャネルの多様化 … 54
  - 2.4.4 リスク管理システム … 57
  - 2.4.5 顧客管理 … 59
  - 2.4.6 情報システム再構築と情報システム共同利用の進展 … 60
- 2.5 仮想企業 … 63

3 企業内での業務を支える共通的なシステム

- 3.1 ワークフロー管理システム … 66
- 3.2 テレワーク … 74

4 情報システムの費用

- 4.1 TCOの考え方 … 79
  - 4.1.1 TCOの定義 … 79
  - 4.1.2 TCOの構成要素 … 80
  - 4.1.3 TCOの現状 … 82
- 4.2 TCOの測定方法 … 83
  - 4.2.1 測定目的に応じたTCOモデル … 83
  - 4.2.2 資産費用の測定方法 … 84
  - 4.2.3 管理，エンドユーザーサポート費用の測定方法 … 84
  - 4.2.4 エンドユーザー処理費用の測定方法 … 85
- 4.3 TCOの適正化策 … 86
  - 4.3.1 TCO適正化の考え方 … 86
  - 4.3.2 情報技術の活用によるTCO適正化策 … 86
  - 4.3.3 外部サービスの活用によるTCO適正化策 … 88

4.3.4　運用方針や運用プロセスの見直しによるTCO適正化策 ……………… 89
　　4.3.5　TCO適正化推進における留意点 …………………………………… 92
　4.4　情報システム開発費用の見積もり ………………………………………… 93
　　4.4.1　情報システム開発の見積もりのアプローチ ………………………… 93
　　4.4.2　ファンクションポイント法による情報システム規模の見積もり …… 95
　　4.4.3　情報システムの規模と開発工数 ……………………………………… 97
　4.5　情報システムの予算策定と費用配賦 ……………………………………… 98
　　4.5.1　情報システムの予算策定の方法 ……………………………………… 98
　　4.5.2　情報システムの費用配賦の方式 ……………………………………… 100

5　情報システムの投資効果

　5.1　情報システムの投資効果評価の考え方 …………………………………… 102
　　5.1.1　情報システムの効果評価の観点 ……………………………………… 102
　　5.1.2　おもな投資評価手法 …………………………………………………… 103
　　5.1.3　情報システムの効果評価の難しさ …………………………………… 105
　　5.1.4　情報システムの効果評価の考え方 …………………………………… 105
　5.2　経営者に対する効果の可視化 ──バランススコアカードの活用── … 106
　　5.2.1　バランススコアカード ………………………………………………… 106
　　5.2.2　バランススコアカードの考え方に基づく情報システムの投資効果評価 … 108
　5.3　情報システム利用者に対する効果の可視化 ── SLAの導入── …… 110
　　5.3.1　SLAの考え方 ………………………………………………………… 110
　　5.3.2　おもなサービスレベル項目 …………………………………………… 111
　　5.3.3　サービスレベル項目の管理レベル …………………………………… 112
　　5.3.4　SLA策定の進め方 …………………………………………………… 113
　5.4　情報システムの効果阻害要因の分析 ……………………………………… 115
　　5.4.1　情報システム活用の阻害要因 ………………………………………… 115
　　5.4.2　阻害要因の分析 ………………………………………………………… 118

6　セキュリティとリスク管理，プライバシーと情報倫理

　6.1　情報セキュリティ …………………………………………………………… 121

6.1.1　情報化社会の脅威と脆弱性 …………………………………… *122*
　6.1.2　コンピュータセキュリティの概念と対策 ………………… *126*
　6.1.3　セキュリティ保護技術 ……………………………………… *128*
　6.1.4　セキュリティコントロール ………………………………… *133*
6.2　リ ス ク 管 理……………………………………………………… *134*
　6.2.1　リスク管理の背景とリスクの区分 …………………………… *134*
　6.2.2　リスク管理とその手法 ………………………………………… *136*
6.3　プライバシーと倫理問題 …………………………………………… *139*
　6.3.1　プライバシーの概念 …………………………………………… *139*
　6.3.2　情報化社会のプライバシー問題 ……………………………… *140*
　6.3.3　プライバシー侵害と事例，倫理面からの課題 ……………… *142*
　6.3.4　プライバシー保護の法律 ……………………………………… *143*
　6.3.5　プライバシー保護技術 ………………………………………… *144*
　6.3.6　倫 理 問 題 …………………………………………………… *146*

7　電 子 商 取 引

7.1　概　　　　要 ………………………………………………………… *148*
7.2　B to C EC …………………………………………………………… *152*
7.3　B to C EC のビジネスモデル ……………………………………… *156*
7.4　B to C EC の成功要因 ……………………………………………… *159*
7.5　B to C EC の課題 …………………………………………………… *161*
7.6　電子決済と電子マネー ……………………………………………… *165*
7.7　モバイルコマース …………………………………………………… *169*
7.8　企 業 間 EC ………………………………………………………… *173*

引用・参考文献 …………………………………………………………… *180*
索　　　　　引 …………………………………………………………… *185*

1

企業情報システムの概要

ワークステーション，パーソナルコンピュータ（PC），インターネットの普及により，企業における情報処理の方式が急激に変わってきている。この状況は，15世紀の活版印刷の発明に匹敵する意味をもっている。印刷技術により，情報の発信，配布のコストが大きく下がった結果，情報公開が進みルネサンスや宗教改革など社会に大きな影響を与えた。いま，同様の状況が現れており，まったく新しい仕事のやり方やビジネスを生み出しつつある。この章では，その対象となる企業情報システムの概要について解説する。

1.1 企業情報システムの構成

企業は，社会への貢献を通じて，株主ならびに従業員が利益を得ることを目的に活動する。その目的を達成するための作業を業務（あるいは機能）と呼ぶ。この業務を行うためには，図1.1のように，収集，加工，保管，伝達，配布などの情報処理が必要である。なお，加工の中身は，事務計算，技術計算，計画，意思決定支援などである。情報システムは，このような情報処理を正確かつ効率的に実施するためのものである。体に例えると，神経系に対応する。

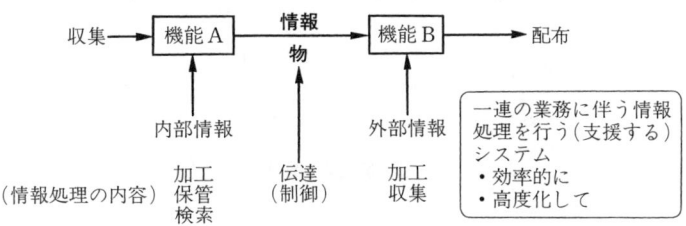

図1.1 情報システムとは

その意味で，すべての組織が電子計算機の出現以前から情報システムを含んでいる。

英国計算機科学会（IFIP/BCS）は，情報システムをつぎのように定義している。

"An information system is a system which assembles, stores, processes and delivers information relevant to an organization (or to society), in such a way that the information is accessible and useful to those who wish to use it, including managers, staff, clients and citizens. An information system is a human activity (social) system which may or may not involve the use of computer systems."

このように情報システムを考えた場合，図1.2に示すように本来の業務を遂行する主体としての「組織（人・制度）」と，業務を支援する「情報処理システム」の部分に分けることができる。「組織」とは，情報システムの利用者と，システムを利用・運用する際の約束事（仕事の仕方）や制度である。約束事や制度には，マニュアルや業務規則の形で形式化されているものもあるが，習慣・暗黙・了解・前例など定型化されていないものも多い。利用者のシステムに対する熟練度や利用しようとする意識などの要素も大きい。また，組織全体の文化や体質という形に現れないものを含んでいる。このため，まったく同じ情報処理システムが，ある会社では効果を上げ，別の会社ではまったく使われないという事態が起こり得る。

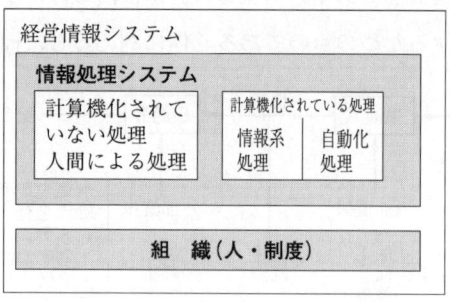

図1.2 経営情報システムの構成

一方,「情報処理システム」については,電子計算機や通信装置を用いて電子計算機上で動く部分と,手作業で行われる計算機化されていない部分に分けられる。計算機化されている部分は,必ずしも必要ではない。要求される情報伝達のスピードが遅い場合には紙と郵便と電卓だけで,もう少し速い情報処理が要求される場合でも電話とファクシミリによるシステムのほうが,電子計算機を使用するシステムを構築するよりも,費用的に安く,しかも使い慣れた機器であるので多くの利用者に受け入れられやすいシステムが実現できる。さらに,電子計算機上で動く部分は,給与計算のようにパラメータさえ与えればシステムが自動的にすべての処理を行う自動化処理部分と,計画立案のように人間による処理に必要なデータを収集・整理・伝達する情報系処理部分に分けられる。

1.2 組織における情報処理の分類

組織における情報処理はつぎのように類型化できる(図1.3)。

(1) 情報の収集　　他社や業界動向などの組織外部の情報や,在庫量や生産能力などの自組織内の実態を把握するための情報を,出版物やヒアリングなどの手段により収集し,自組織の活動の参考とする活動。

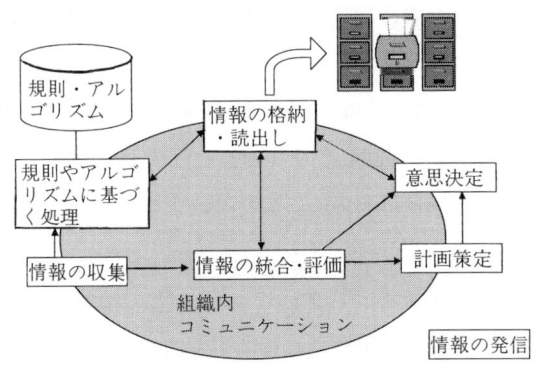

図1.3　組織における情報処理の類型

(2) 情報の統合・評価　収集された多様な情報を，目的に照らして分析，集約，評価し，組織内の関連部署に報告する。なお，単に集めただけのものを「データ」，評価が加わったものを「情報」と区別する場合もある。

(3) 規則やアルゴリズムに基づく処理　対象としている問題の本質と構造が明確であり，それに対する解決手段もわかっている問題に対する定常的で繰り返し的な業務。事前に規則（ルール）や処理アルゴリズムを決定しておき，処理すべき問題が現れるとそれらの規則やアルゴリズムにより定型的に処理する。経理処理，給与計算処理，成績管理，受発注処理，在庫管理，簡単な生産計画，金融機関の口座管理などが該当する。

(4) 計画策定　企業を取り巻く状況は変化している。また，すべての状況に対する対応方法を事前に決定しておくことはできない。そのため，規則や規定により定型的に処理できない状況が現れる。そのような場合には，処理方式を，過去の事例や，より上位の目的に照らして決定していく必要がある。それらの一部は，新しい処理規則として登録される。また，研究開発，新製品発売，設備投資などにあたっては，多くの要因を考慮していくつかの代替案を見つけることが必要である。

(5) 意思決定　企業においては，新製品発売，組織改正，人事異動，設備投資などの場面においては，多くの代替案の中から最適なものを選択する必要がある。そのような場合には，各代替案を評価し最適なものが選ばれる。評価に際しては，表計算ソフトウェアなどによる計算機シミュレーションが用いられることもある。なお，日本の企業の業務プロセスには，規則による決定や合理的判断ではなく，「根回し」や「阿吽の呼吸」といった暗黙的な基準に基づく決定がなされる場合が多い。このため，上司ならびに関係部署の了解を得るための稟議が行われる。

(6) 情報の格納（ファイリング）　ほとんどの情報が紙の形で保存されるが，マイクロフィッシュで保存される情報もある。最近は，電子記憶媒体の利用が普及してきており，磁気テープ，磁気ディスク，フロッピーディスク，光ディスクなどが利用されている。なお，磁気媒体は信頼性の面で問題があ

り，長期の保存には光ディスクやマイクロフィッシュが主として用いられる。また，経理情報などの，あとで書き換えられては困る情報は，書き換え不可の媒体が利用される。情報の格納は，担当ごとに保管されるが，出荷された製品の設計資料のように組織にとって重要なものは，一括してしかるべき部署が整理のうえ格納する。また，記憶媒体のビット当りのコストの低減により，売上げなどの生データをそのまま格納し，あとで自由に分析するデータウェアハウスも利用されている。

（7）組織内コミュニケーション（情報の伝達，指示）　組織内のコミュニケーションのために，書類の配布，会議，電話連絡などが行われる。情報ネットワークの整備に伴い，電子会議やテレビ会議，電子メールやイントラネットといった新しい手段が現れてきており，急速に合理化されつつある。

（8）情報の発信　この情報処理は，伝統的に自然言語による会話や文書配布の形で実行されてきた。最近は，インターネットのWWWページによるものや，電子メールによるものの比重が増加している。

上記のうち，（1），（7），（8）については，1990年代からインターネット技術の利用が急速に進んでいる。また，（3）の規則やアルゴリズムに基づく処理は，定型的であるので，最も電子計算機による自動化が行いやすく，歴史的にも最初に計算機化された。これらは，サイモン（Simon）による意思決定問題の分類では，構造的問題（structured problem/well structured problem）と名付けられる。それらの問題を処理するシステムは，EDPS（electronic data processing system）あるいは勘定系システムと呼ばれることもある。EDPSは，組織における基盤的・定型的な処理を担っており，機械による事務作業（会計計算，記録保存・検索，資料作成など）の自動化，効率化が目的である。

これに対し，（2），（4），（5）が対象とする問題は，初めて生じる問題や，対象としている問題の本質や構造がわかりにくく複雑な問題であり，それに対する解決手段も前もって用意できない問題である。したがって非定型的業務となる。サイモンによる意思決定問題の分類では，非構造的問題（unstructured problem/ill structured problem) と名付けられる。例えば，拡販策を実施した場合の地域別売上げの予測を知りたいとか，新規に出店する場合，どの場所にどの程度の規模で出店すればどれだけの売上げが期待できるかなどのように，もともと情報システムの機能として想定していない問題である。それらの問題を処理するシステムは，情報系システムあるいは意思決定支援システム (decision support system：DSS) とも呼ばれ，非定型な意思決定のための情報処理サービスの提供を行う。○○計画支援システム，××支援システムなどと呼ばれるシステムがこの範疇に属する。的確な情報収集，情報の吟味と分析，予測，作画・作表，資料作成などを支援する。主として企業（組織・個人）の計画・管理業務に携わる人のための情報システムとして利用される。DSSの一般的な構成は，図1.4に示すように三つの部分から構成される。

　EDPSとDSSのシステムの対比を図1.5に示す。EDPSは電子計算機システムによる人間作業の置換えであり，省力化やターンアラウンドタイムの短縮

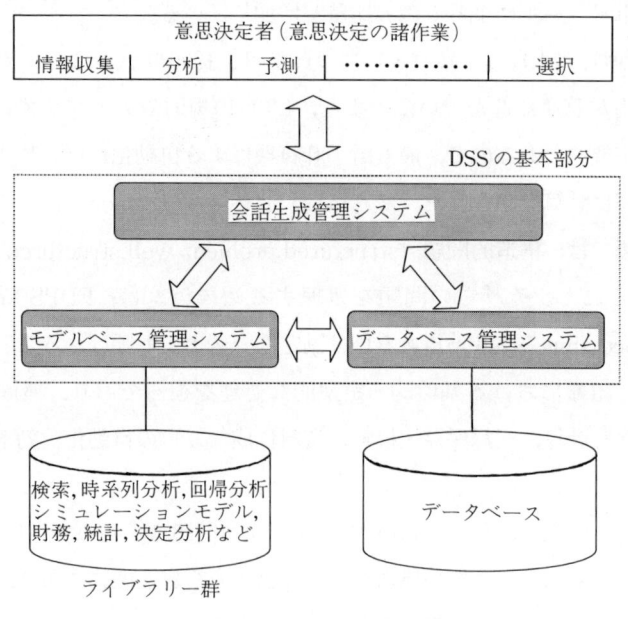

図1.4　DSSの一般的な構成

1.2 組織における情報処理の分類

	EDPS(勘定系システム)	DSS(情報系システム)
作業スタイル	人間による作業 ↓置換 計算機システムによる作業	人間による作業 ↓ 計算機システムによる作業支援 人間による作業
作業主体	計算機システム中心	人間中心
その他	・一貫性 ・基盤性 ・固定的	・柔軟性 ・一過性 ・なくてもやれる

図1.5 EDPSとDSSのシステムの対比

などにより効果がはっきり出る．これに対し，DSSは決定業務そのものを置き換えるものではなく，決定作業の一部を肩代わりすることにより，決定業務を効率化，高質化する．このため，DSSの能力と利用者（あるいは組織）の分析力・洞察力・判断力を総合したものにより，その効果が上下する．極端な場合にはDSSを使わなくても仕事を進めることができるので，その普及には利用者の積極的な協力が必要である．また，その性格上，EDPSは固定的で処理の効率化が要求される．一方，DSSでは，用意された支援機能を必要に応じて組み合わせて使用するため，ユーザーフレンドリーでかつ柔軟な構造が要求される．

また，アンソニー（Anthony）によれば，組織における意思決定問題は図1.6のように分類される．最上位の戦略的計画は，組織の目標と方針を設定し，それらの達成に必要な資源を確保し配置するプロセスであり，役員，部長クラスによる組織形態に関する決定が対応する．経営管理は，戦略的計画で定められた方針に従い，確保されている資源を用い，効率的に組織の目標を達成するプロセスであり，課長クラスの業務である．業務管理は定められた業務を効率的に遂行する方法を決定するプロセスであり，業務遂行は定められた業務を能率的に遂行するプロセスである．上位の意思決定ほどその重要性が高い．これに対し，意思決定の頻度は下位の計画ほど多い．

それぞれの決定において要求される情報の性格はつぎのとおりである．

8   1. 企業情報システムの概要

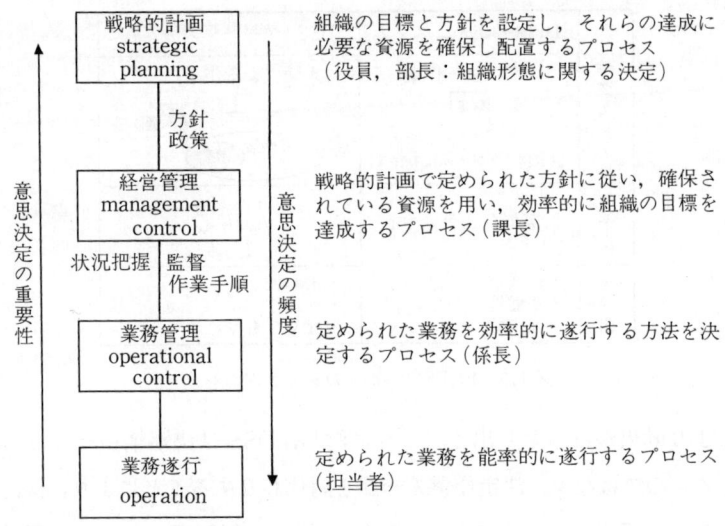

図1.6　組織における意思決定問題の分類

a) 戦略的計画：多様で要約された情報が要求され，厳密さは要求されない。外部の情報が必要で，要求は漠然としている。利用者は少数である。

b) 経営管理：戦略的計画と業務管理の中間的性格の情報が要求される。内部情報が主である。

c) 業務管理：特定の狭い範囲ではあるが，正確な情報，特に内部情報が要求される。短期的視野の要求である。

この分類を縦軸にとり，サイモンの分類を横軸にとったマトリックスに，いろいろな意思決定問題を位置付けると，**表1.1**のようになる。

表1.1　意思決定問題の位置付け

	構造的問題	非構造的問題
戦略的計画	工場新設 採用・解雇	企業合併，新製品計画，研究開発
経営管理	収益分析	生産計画，予算編成
業務管理	在庫管理 発注	スケジューリング，資金管理
	↑ EDPSの対象	↑ DSSの対象

企業における情報システムの業務別の利用状況を見ると，「人事・給与」「財務・会計」「購買・在庫管理」「顧客管理・マーケティング」などの基幹業務や，「社内情報共有・オフィス業務支援」の分野で情報化が進んでいる．基幹業務システムは構築された時期も古く，定型的処理であるため，汎用計算機による集中処理が多い．例えば，「財務・会計」は，その約 50 ％が汎用計算機による集中処理であるが，「顧客管理・マーケティング」では汎用計算機による集中処理の比率は 20 ％になる．一方，「社内情報共有・オフィス業務支援」は，電子メールシステム，イントラネット，グループウェアなどで実現されており，約 90 ％が PC やワークステーションによる分散処理である．この傾向は，「経営企画・戦略立案」「設計」「研究開発」などの非定型な情報システムにおいて，人間の作業を支援する形態の業務で共通的に見られる．

1.3 企業情報システムの発展過程

1951 年に UNIVAC 1 が世界最初の電子計算機として商用化されて以来，電子計算機は政府や企業で多様な使われ方をし，組織のあり方に大きな影響を与えてきた．情報システムの変遷の様子を**表 1.2** に示す．

表 1.2 情報システムの変遷

年 代	特 徴
1950 年代	計算の自動化 EDPS/電算室 バッチ処理
1960 年代 1970 年代	オンラインシステム 工業的ソフトウェア生産 ソフトウェア工学 DSS
1980 年代	OA 文書処理 戦略的情報システム（SIS）
1990 年代	オープン化 ネットワーク/インターネット 社会・業務のインフラ化 電子商取引（EC）

(1) 初期の電子計算機は非常に高価でしかもたいへん使いにくいものであった。そのため，専門の要員がシステムを効率的に運用する必要があった。ちょうど初期の自動車では，専用の運転手を必要としたのとよく似ている。「EDP部」あるいは「電算室」などに所属する特殊な技術者であった電子計算機の専門家がバッチ処理を中心に運用していた。電子計算機の利用対象は，人手による事務処理，科学技術計算の自動化が中心であり，前述のEDPSの範疇である。この時期には，それほど費用もかからず，経営的・組織的な影響は少なかった。

(2) 1960年代に入ると，座席予約システム，銀行オンラインシステムなどのオンラインシステムが運用され始めた。これらのシステムは業務遂行上必要不可欠な情報システムであり，関与する部署の数は急増し，費用も経営的にも注意が払われる金額になってきていたが，組織や業務方式に与える影響はそれほど大きくはなかった。なお，事務作業の単なる機械化（データ処理）にとどまらず，判断業務への適用が検討され，MIS（management information system）が話題になったが，当時の情報処理技術の限界から，十分な成果は得られなかった。

(3) 1980年代になると，ワークステーションやPCが出現した。また，ユーザーインターフェースの改善（ビットマップディスプレイ，マウスなど），オフィス用ソフトウェアの開発により，文書処理やプレゼンテーションの道具として多くの業務を個人個人が1台の電子計算機を利用して業務を行うようになった（OA（office automation））。電子計算機は従来「EDP部」「電算室」にのみ設置されていた状況から，すべての職場に設置されるようになり，組織に導入される台数は飛躍的に増大した。また，判断業務を支援するためのDSSが現れた。大企業では，経理業務や在庫管理といった定型的業務の機械化は完了し，生産計画や経営支援などの非定型的業務のシステム化へ，新規計画システムのねらいが移っていった。このため，計算機化による効率向上（省力化，省人化，正確化など）をねらうそれまでの発想では情報システムの計画，管理ができなくなった。それに代わり1980年代後半には，経営への直接

的貢献という視点が強調されるようになり，戦略的情報システム（strategic information system：SIS）がブームとなった．電子計算機費用の売上げに占める割合は急激に増加しており，経営的な視点からも無視できない規模になってきた．これに伴い，電子計算機に関する企画，開発，運用を担っていた「EDP部」「電算室」という組織は「システム部」へと衣替えしていった．また，情報システムへの投資が爆発的に増加し，しかも，合理化のツールから組織や業務内容を改革するための情報システムの計画が増加したため，経営的判断が不可欠となり，情報システム部門の責任者の権限と責任範囲が増大した．このため，情報システム部門の責任者として，CIO（chief information officer）と呼ばれる情報統括役員が置かれることが増えた．また，1985年には，電話網でのメッセージ交換を禁止した電気通信事業法が改正され（いわゆる，通信の自由化），電子計算機を自由に電話網に接続して情報のやりとりができるようになった．これが1990年代のインターネットの普及へとつながっていく．

（4） 1990年代には，オープン化，標準化，ネットワーク化があらゆるところで進み，これらの電子計算機がLANやWANで接続され，電話網と同じような電子計算機網が組織の内外に出現した．電子計算機は，もはや計算の手段というよりも文書処理，通信手段としての利用のほうが多くなってきた．また，情報通信インフラも，1992年のNTT移動通信網（2000年にNTTドコモに社名変更）の分社化に象徴されるように，固定電話サービスから携帯電話サービスへと急速にシフトが進んだ．図1.7に通信サービス別の契約者数の変化を示す．携帯電話の伸びは2000年以降も止まらず，2004年12月末現在，8500万契約を超えている．ページャサービス（ポケベル）は1990年代の後半，若年層のツールとして普及したが，携帯電話のコスト低下とともに廃れつつある．一方，1995年からサービスが始まったPHS（personal handy-phone system）は，1997年9月に706万加入でピークをつけたあと，携帯電話に押されたものの，データ通信への強みを生かしてモバイル環境でのPCのインターネット接続の手段として生き残っている．

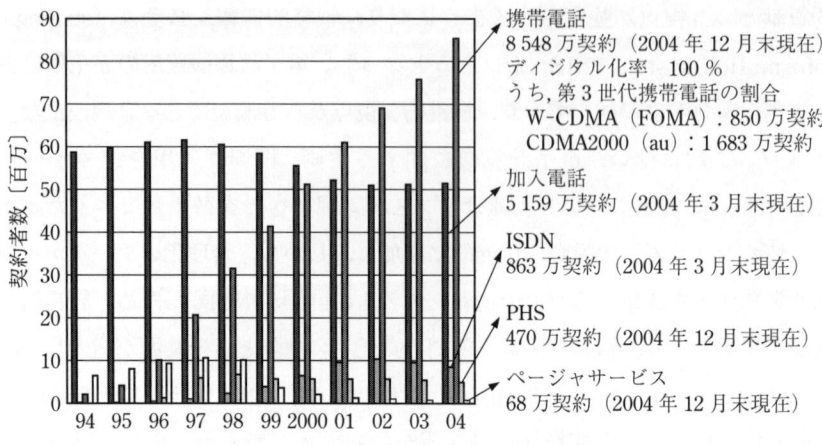

図1.7　通信サービス別の契約者数の変化

情報システムのあらゆる活動での基盤システム化により，情報システムの優劣が経営に影響を与えるようになった。また，情報システムの故障の影響は業務遂行をほとんど不可能にするまでになった。このため，「システム部」が，今度は「経営情報システム部」「経営企画部」などという名称に変わったり，情報システムの開発や管理に関する機能しか担っていない情報システム部門は社外に出す子会社化やアウトソーシングの動きが出てきた。また，情報システムを総合的に評価するための新しい手法（5章参照）も出てきた。SISに代わり，ビジネスプロセスリエンジニアリング（business process re-engineering：BPR），統合業務パッケージ（enterprise resource planning：ERP），サプライチェーンマネジメント（supply chain management：SCM）などが情報システム構築のキーワードとしてもてはやされた（詳しくは2.2節参照）。

（5）　2000年代に入ると，インターネットが企業や家庭に普及した。インターネットの普及の様子を図1.8に示す。大企業（企業普及率）では1990年代後半に普及が進んだが，中小企業（事業所普及率）では家庭への普及とほとんど同様に2000年代になってから急速に普及している。これにはインターネット接続料金の急激な低下が大きな要因になっている。なお，インターネット接続のかなりの部分が携帯電話からの接続（2004年12月末で7 355万件）で

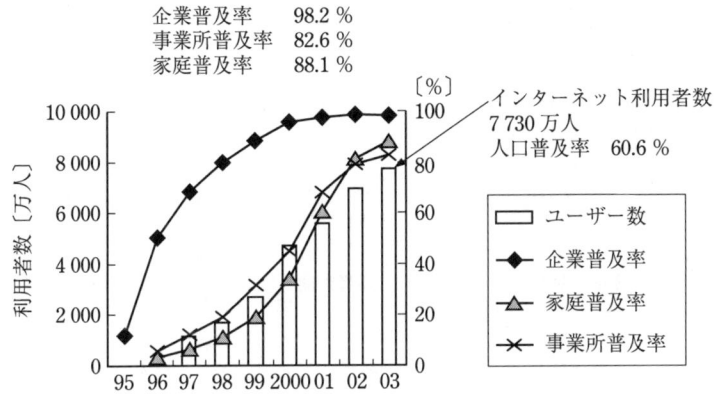

図 1.8 インターネットの普及状況〔出典：総務省「平成 16 年通信利用動向調査」〕

ある。また，ADSL，光ファイバーケーブル，ケーブルテレビによるブロードバンド接続（2004 年 8 月末で約 1 700 万件）も急激に増加しつつあり，ダイアルアップ接続（2004 年 8 月末で約 1 900 万件）を抜く勢いである。

このようなインターネットの普及は，企業を越えた連携，テレワークに代表される新しい仕事のスタイル，電子商取引に代表される新しいビジネスモデルなどを引き起こしてきた。情報システムの経営への影響はますます増大している。これに対応するため，業務やシステム全体の構造やその動作を理解しやすく可視化するエンタープライズアーキテクチャ（enterprise architecture：EA）を用いた組織の設計・管理が行われるようになっている。経済産業省が策定している「EA ガイドライン」に示された組織モデルの例を，**図 1.9** に示す。

また，既存の多様なシステムを統合・連携するためのツールも多く開発されている。その代表的なものとして，ワークフロー管理システムを発展させた BPM（business process management），多岐のサービスを一つの Web サイトから利用可能にするエンタープライズポータル，エージェントを利用したツールなどがある。ただし，このようなツールだけでは連携はできないため，それぞれのシステムがもつデータの意味，コードなどを統一する必要がある。そ

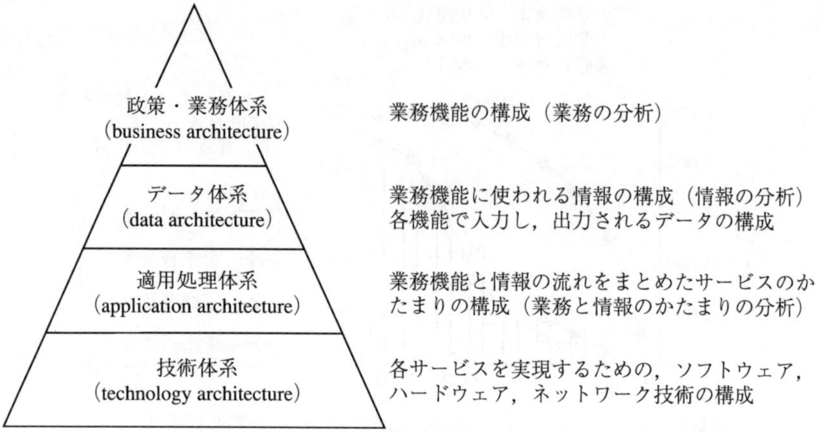

14　　1. 企業情報システムの概要

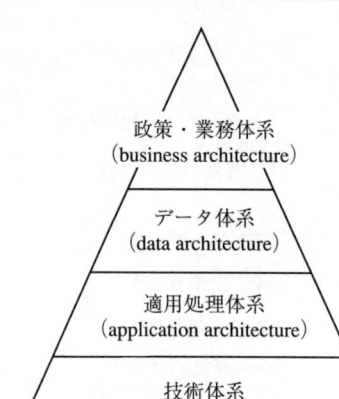

図 1.9　エンタープライズアーキテクチャを用いた組織モデルの例

のため，業界ごとに各種標準化の活動が行われている。その一方で，すべての電子計算機がインターネットに接続されることによる不正アクセスやコンピュータウイルスなどの脅威，外部記憶メディアの小型大容量化による大量データの不正持出しなど，情報システムに対するリスクも増加している。このため，情報システムを考える場合，性能的な面はもちろん，安全面の考慮も不可欠になってきている（6章参照）。

　個々の組織における情報システムの成長過程に着目すると，共通的な発展段階があるといわれている。その代表的な情報システムの発展段階のモデルとして，図 1.10 に示すノーランのステージ理論がある。

　この理論は，1973 年にノーラン（R. L. Nolan）によって提案された後，多くの人々によって拡張が行われている。

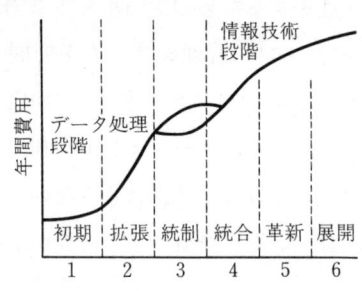

図 1.10　ノーランのステージ理論

1.3 企業情報システムの発展過程

（1） 第1段階の初期期は，組織において情報システムが自然発生的に稼働し始めたばかりの時期である。定型的な業務をバッチ処理で行っている。経営者層もあまり意識していない。

（2） 第2段階の拡張（普及）期に入ると，情報システム部門が組織的に独立し，多くの業務システムが個別に開発される。適用業務は増大するが，業務合理化のためのシステムである。情報システムの開発計画が立てられるようになり，要員や利用部門の教育も行われるようになる。

（3） 第3段階の統制期では，個別開発されてきたシステムを整理統合した全体的な組織の基盤システムが構築される。運用形態もバッチ処理からオンライン処理へ移行する。また，開発費用の増大により，費用対効果の評価が厳しくなり，経営者層の意識も高まり，情報システム開発をコントロールする組織ができる。

（4） 第4段階の統合期では，全組織的なシステム再構築が行われ，意思決定支援などの非定型業務のシステム化が進められる。基盤システムからのデータを分析活用するための，いわゆる情報系システムが開発される。情報システムに投下される費用が増大し，費用対効果の評価が求められる。情報システム部門も，電子計算機の専門家から経営的な見方のできる人間の集団に変わっていくことが要求される。また，ネットワークやデータベースなどの共通的情報インフラの維持管理と利用者の支援が，情報システム部門の主要な任務になる。

（5） 第5段階の革新期は，他社との競争を優位に進めるための情報システムの開発が進められる。経営資源としての情報の重要性が高まり，情報システム部門と経営戦略部門の一体化が図られる。また，組織全体の情報システムを掌握し，経営的センスで判断を下せる情報統括役員（CIO）が置かれる。

（6） 第6段階の展開（成熟）期では，情報システムの戦略的な利用がさらに進む。情報システムが特別なものではなくなり，電話やコピー機などと同じような感覚で，だれもが当たり前に利用するようになる。また，情報システム部門と利用部門との人のローテーションや，利用部門によるシステム開発も進

む。業務に必要不可欠な基盤となるため，信頼性確保やセキュリティに対する投資が増加する。

このように，前半の第1〜第3ないし第4段階までのデータ処理段階は，業務効率化，合理化のための情報システムである。これに対し，後半の第3ないし第4〜第6段階までの情報技術段階は，情報活用のための情報システムである。

1.4 情報化のインパクト

組織構造は，各階層の人員配置により**図1.11**に示すようにいくつかの典型的な類型に分類できる。図の縦方向は職務階層を表しており，いちばん下が担当者，いちばん上が役員である。図 (a) の階層型は，ピラミッド型とも呼ばれ，伝統的な組織構造である。階層が上にいくほど人数が少なくなる構造であり，指揮命令系統がしっかりしている。目標が明確で変化が少ない場合に向いており，軍隊組織がその典型的なものである。高度成長時代の多くの日本企業もこの構造をとっていた。しかし，情報が階層を上下するのに時間がかかり，変化に柔軟に対応するためには不向きな構造である。そのため，変化の大きい環境では，階層数を減らして下位の構成員が自律的にコミュニケーションならびに判断するフラット型（図 (b)）が有利になってくる。また，階層型の構造をとっていた企業が新入社員の採用を抑制すると，中間管理層の比率が相対的に増加し図 (c) の釣鐘型の構造になる。一方，経営層以外をすべて担当者にし，必要に応じてプロジェクトを組むような完全にフラットの構造にすると図 (d) の文鎮型になる。

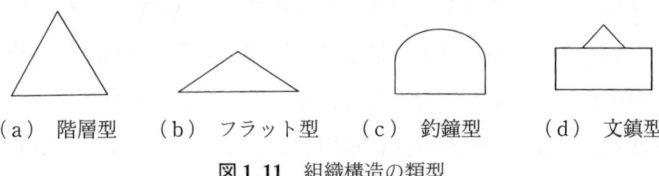

図1.11 組織構造の類型

1.4 情報化のインパクト

初期の情報システムは，給与計算や経理計算のような定型的な計算業務の自動化に用いられたため，その担当者が削減された．結果的にそれらの業務を担当していた部署の規模が小さくなり，関連の部署と統合される場合もある．しかし，組織構造的には図1.12に模式的に示すように基本的な変化はない．DSSが導入されても，DSSの機能が意思決定のための材料を迅速に提供することに限定されているため，そのような資料作成部署は縮小するが，組織構造的な影響は少ない．

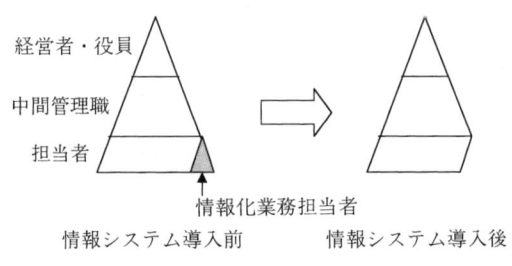

図1.12 定型的業務の計算機化による組織への影響

しかし，1990年代の後半に入って，LAN，インターネット，WWWなどの通信インフラが普及してくると，状況が大きく変わってきた．これらの情報技術は企業内の情報共有化の自動化を推し進めるため，組織内で情報伝達を主要な業務の一つとしていた中間管理層の代替機能として機能している．そのため，単なる情報伝達を担っていた中間管理層を削減し，組織をフラット化する動きが活発になっている．もちろん，本来の中間管理層の業務は，情報伝達だけでなく，与えられたより上位の方針や制約のもとで，最適な諸施策を立案し，その実行を監督指揮し，問題がないか確認することが重要な使命であり，情報化によりすべての中間管理層がなくなることはない．また，ワークフロー管理システムの導入を契機とした業務プロセスの見直しも多く行われている．

1996年に（財）未来工学研究所が旧労働省の委託により企業を対象に行ったアンケート調査（有効回答数716件）では，OA系情報システム改革および組織改革による配置人員の変化は，図1.13のようになっており，事務職および中間管理職の削減が目立っている．これは，情報の伝達，文書の回覧や保

18   1. 企業情報システムの概要

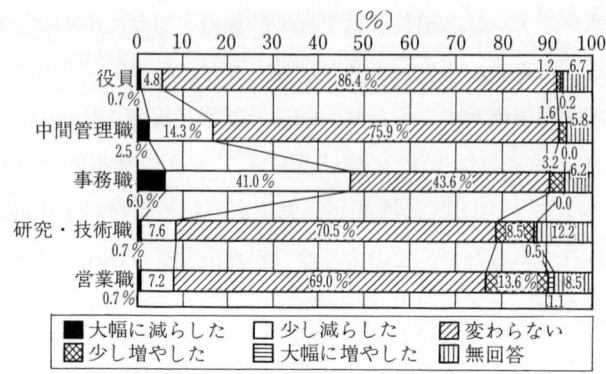

図 1.13　OA 系情報システム改革および組織改革による
　　　　配置人員の変化

管，スケジュール調整，企画作成に付随する情報処理の効率化によるものと思われる。

　情報システムの改革と組織改革との因果関係に関しては，組織改革が主であるとする企業が多いが，組織改革を実現させるために情報システムを先行的に改革したケースもある。この中には，「イントラネットの整備により情報仲介のみの中間管理者はいないほうが情報伝達が早くなる」など，新しい情報システムの導入により組織改革を誘発されるケースや，「イントラネットの利用によりプロジェクトチームを容易に編成できるようになる」といったケースがある。

1.5　情報システム部門の役割

　ユーザー企業における情報システム部門の位置付けは，基本的には利益を生み出さないコスト部門である。情報システム部門の名称は，時代とともに期待されている機能を反映して，「EDP 室」「電算室」から「システム部」に，さらに「経営情報企画部」「情報企画部」などへと変遷している。

　2003 年の経済産業省の情報処理実態調査によると，1 企業当りの情報システム部門の要員数は，平均 29.8 名（派遣社員を除く）である。その内訳は，シ

ステムエンジニアが40％，管理職が27％，プログラマが17％，オペレータ・データ入力者が22％，ネットワーク管理者が4％となっている。この数字はここ数年ほとんど変わっていない。産業別では，情報システムの規模の大きい金融業で情報システム部門の規模が大きくなっているのが目立っている。

情報システム部門に期待される役割に関して，1997年に実施されたJISAのユーザー企業アンケート調査の結果を**表1.3**に示す。基幹系システムの企画・構築・維持管理業務，情報システムに関する社内調整，ネットワーク整備・管理，オフィス業務支援系システムの企画・利用支援などが中心になっていることがわかる。その反面，「基幹系システムの運用・維持管理」「基幹系システムの構築」「オフィス業務支援系システムの構築」「ネットワークの整備・管理」「社員のコンピュータ利用能力の向上」「オフィス業務支援系システムの運用・維持管理」などは，外部の企業にアウトソーシングしている割合が高い。このような業務では，急速に高度化，多様化する情報技術に深く関係する部分は情報処理の専門家に任せるほうが効率的かつ安価になるためと考えられる。そして，情報システム部門は，表1.3に示すような業務に注力することが期待されている。また，後述する情報システム部門の別会社化にあたっても，

表1.3 情報システム部門に期待される役割

項　　目	〔％〕
基幹系システムの企画	84.6
基幹系システムの運用・維持管理	72.3
基幹系システムの構築	72.6
情報系システム化に関する社内調整機能	77.0
オフィス業務支援系システムの企画	71.5
ネットワークの整備・管理	71.7
社員（研修など）のコンピュータ利用能力向上	63.8
オフィス業務支援系システムの構築	58.9
オフィス業務支援系システムの運用・維持管理	56.6
社員のECU支援環境，支援体制の構築	64.2
個人情報およびネットワークセキュリティの管理	60.5
システムで活用するコンテンツ（情報）管理	53.8
情報活用戦略の立案	55.4
情報（知識）の流通に関する企画	45.7

出典：JISA「ユーザー企業アンケート調査」1997年8月より

ほとんどの企業で，システムの企画業務は親会社に残している。一方，システム開発，システム運用は子会社に移管されている。

日本では，全産業で約20％の企業が情報システム部門を別会社化している。この傾向は企業規模が大きいほど顕著で，従業員10 000人以上の企業では約70％で別会社化が行われている。また，産業別では，情報化が進み大規模な情報システムを社内で開発・運用している金融機関では，必然的に情報システム部門が大きくなり，しかも本業と業務の内容が大きく違うため，別会社化の比率が50％以上になっている。なお，別会社のうち70％は，100％子会社になっている。別会社化の目的は，情報システムに関する利用部門の費用負担の明確化，プロフィットセンター化，独自の賃金体系の採用，要員確保などである。

1.6　情報サービス産業

一般に情報産業といった場合，電子計算機およびその周辺装置のハードウェア製造業から，ソフトウェアの開発を行うソフトウェア業，調査会社，通信業者，放送業界，映像産業などの非常に広範なものまでが含まれる。ここでは，情報処理技術者の主たる活躍の場に議論を絞ると，その対象は大きくつぎの三つに分けられる。

（1）　電子計算機メーカーにおけるソフトウェア技術者　　第2次産業に属する電子計算機メーカーにおいて，OSやデータベース管理システムなどの汎用基本ソフトウェアの企画・開発や，顧客情報システムの企画・開発が行われている。なお，顧客情報システムの企画・開発を担当する技術者は「メーカーSE」と呼ばれる。

（2）　情報システムを保有あるいは利用する企業のソフトウェア技術者

ある程度以上の規模の計算機システムを導入している事業会社や金融機関などにおいては，社内あるいは子会社に情報システムを開発・運用するための組織として情報システム部門をもっており，メーカーあるいはソフトハウスなど

と協力してシステム開発を担当している。そこに属する情報処理技術者を「ユーザー SE」と呼ぶ。

（3） 情報サービス産業に属する企業のソフトウェア技術者　第3次産業に属する情報サービス産業は，日本標準産業分類上，情報サービス産業（小分類841）に分類され，**表1.4**に示すように，ソフトウェア業（約60％），情報処理サービス業（約24％），情報提供サービス業（約2％），市場調査などのその他の情報サービス業（約14％）が含まれる。以下，産業区分として独立している情報サービス産業の概要について説明する。なお，電子計算機メーカーの情報サービス部門も，電子計算機メーカー系の情報サービス産業企業とほぼ同じような状況である。

表1.4　情報サービス産業の分類

細分類名称	内　　　容
ソフトウェア業 （約60％）	電子計算機のプログラムの作成およびその作成に関し調査，分析，助言などを行う事業所。顧客の依頼あるいは自らの意志でコンピュータのソフトウェアの開発を行い，販売することを主たる業務とする事業所であり，一般的にソフトハウスと呼ばれる。
情報処理サービス業 （約24％）	電子計算機などを用いて委託された計算サービス，パンチサービスなどを行う事業所。受託計算サービス業，マシンタイムサービス業などが含まれる。
情報提供サービス業 （約2％）	各種のデータを収集，加工，蓄積し，情報として提供する事業所。データベースサービス業が含まれる。
その他の情報サービス業 （約14％）	市場調査，世論調査などが含まれる。

注）　一般にシステムハウスと呼ばれる事業所は，「マイクロエレクトロニクス技術に関して，自社の有するノウハウとユーザーたる産業の有する技術・ノウハウを結合させることによって，マイクロコンピュータシステム製品の開発・製造を行うことを主たる事業とする事業所」であり，産業分類上は製造業の中に含まれる。

情報サービス産業に属する企業は，その前身（資本系列）から分類すると

・電子計算機メーカーの出資子会社やメーカーの影響力が大きい会社を含むメーカー系（約15％），

・事業会社や金融機関の子会社や情報システム部門が分離した会社を含むユーザー系（約30％），

・どちらにもあてはまらない独立系（約55％）

の3種類に分けられる。なお，括弧内の数字は企業数の割合である。

情報サービス産業の実態については経済産業省が「特定サービス産業実態調査」（約5000社対象）を毎年公表しており，それによると情報サービス産業の規模は図1.14に示すようになっており，GDPの2.8％を占めている。

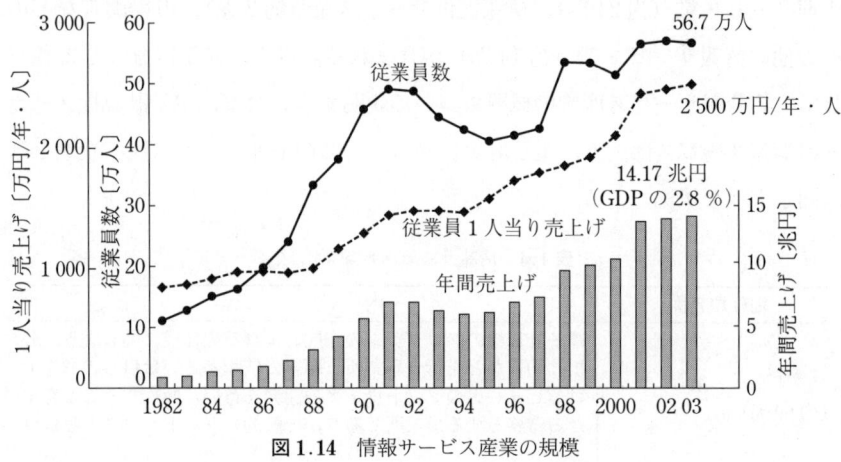

図1.14　情報サービス産業の規模

業種別の典型的情報システム

　本章では，製造，流通，金融，それぞれの業種において，これまでに開発・利用されてきた典型的かつ代表的な情報システムを紹介する。これらの情報システムは，業務の合理化・高度化，競争優位化のために重要な役割を果たすものである。

2.1　企業情報システムの一般モデル

2.1.1　さまざまな業種の企業

　企業情報システムは，企業が事業活動を進めていくうえで必要な情報システムである。より厳密にいえば，企業を維持・成長させるうえで不可欠な情報システムということになる。しかし，ひとくちに事業活動といっても，各企業が対象とする事業の領域は多岐にわたる。思いつくものを列挙しても，以下のようなさまざまな業種の企業が存在する。

① 製造業
　・完成品製造（自動車，家電品，コンピュータ，衣料品，加工食品など）
　・部品製造（モーターなどの電気/機械部品，半導体などの電子部品など）
　・原材料製造（鉄，石油，繊維など）
　・情報システム構築（システムインテグレーション）
② 流通業
　・小売業（大規模店舗，小規模店舗，コンビニエンスストアなど）
　・商社，卸売業

③ 金融業
  ・銀行，保険，証券，消費者金融など
④ サービス業
  ・電力，水道，交通，運輸（鉄道，航空），通信事業など
  ・放送，出版，広告，旅行，各種コンサルティングなど
  ・飲食，宿泊，娯楽サービスなど
  ・医療サービス，健康増進サービス
  ・国や地方自治体による行政・福祉サービス

このほかにも膨大な数の業種がある。

このように多岐にわたる業種そして企業について，企業の数だけ企業情報システムが存在することになる。しかし，どの企業も行う事業は異なっていても，「独自になんらかの価値（利便性や満足）を創造して顧客に提供し，対価を得ることで，競争に勝ち抜き，自らを維持・成長させる」という本質的な部分では共通している。以下では，まず業種によらず共通的にとらえることができる企業情報システムの機能と構造（アーキテクチャ）について述べる。

2.1.2 企業情報システムに共通するシステム構成

企業情報システムの一般的な体系は，業種を問わず，図 2.1 に示すように，

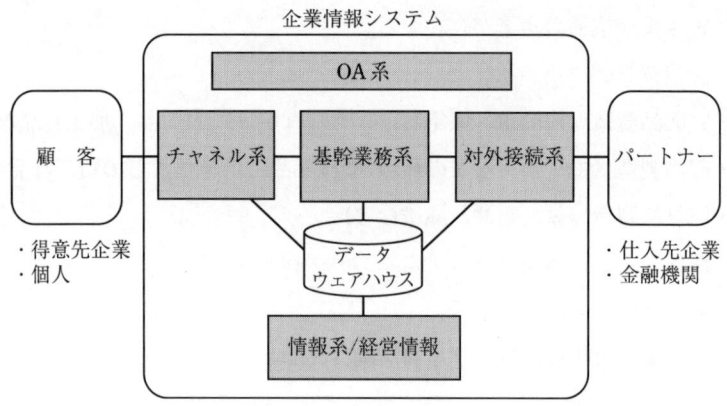

図 2.1　企業情報システムの一般的な体系（サブシステム構成）

基幹業務系システム，チャネル系システム/対外接続系システム，情報系システム/経営情報システム，OA系システムなどと呼ばれる種々の情報システムを構成要素（サブシステム）としてもったものとなっている。それぞれのサブシステムは以下のような機能・業務を担っている。

（1） **基幹業務系システム**　　企業が進める事業（ビジネス）の核（コア）の業務を担当する情報システムである。よって，万一これが停止してしまうと，企業の存続を危うくするようなことにもなり得る。少し乱暴な比喩であるが，人体に例えるなら心臓といえよう。基幹業務系システムの例として，製造業であれば生産管理システムが，流通業であれば販売計画システムが，そして金融業であれば勘定系（預金・貸金・為替）システムなどが相当する。また，業種によらないものとして，会計システムや人事システムなども，基幹業務系システムの構成要素として位置付けられる。

（2） **チャネル系システム/対外接続系システム**　　商品やサービスの納入先である得意先企業や顧客との接点としての役割や，原材料などの仕入れ先であるパートナー企業との接点としての役割を果たす情報システムである。人体に例えるなら，手足あるいは口や目や耳といえよう。製造業であれば販売・流通システムや原材料購買システムが，流通業であれば販売・流通システムや商品仕入れシステムが，金融業であれば営業店システムや銀行間決済システムなどが相当する。

（3） **情報系システム/経営情報システム**　　情報系システムとは，基幹業務系システムなどで作り出される企業の日々の活動に関する情報をデータウェアハウス（data warehouse：DWH，データの倉庫）に蓄積しておき，蓄積された情報を分析・活用することによって新たな戦略や企画の立案などに結び付け，事業へフィードバックするために利用される情報システムである。人体に例えるなら，頭脳といえよう。製造業であれば需要予測システムが，流通業であれば売れ筋分析や顧客管理のためのマーケティング情報システムが，金融業であればリスク管理システムや顧客管理システムなどが相当する。情報系システムの中で，特に企業の経営者層向けに，企業の活動実績や将来的な見通しを

まとめて報告することで経営判断を支援するシステムを経営情報システムと呼ぶことがある。また，これらのサブシステムを総称して意思決定支援システム（DSS）と呼ぶことがある。

（4） **OA系システム**　特定の業務のための情報システムではなく，広く従業員の業務を支援するための情報システムである。電子メールや遠隔会議などコミュニケーションを支援するもの，資料作成や文書管理など情報共有を支援するもの，出退勤や出張をはじめとした各種申請・精算などの事務処理を支援するものなどがある。従来は手作業で行われていた稟議書類の回覧・承認のプロセスを電子的にサポートするシステムは，ワークフローシステムと呼ばれる。

（1）〜（4）で紹介したサブシステムは，たがいにほかのサブシステムと緊密に連携している。連携はファイルやデータベース（database：DB）によって実現されており，あるサブシステムで生成された情報が別のサブシステムで利用される。

2.2　製造業情報システム

2.2.1　製造業における情報システムの構成

製造業における情報システムのサブシステム構成は，図2.2に示すように
① 基幹業務系システム：生産計画/管理システム，在庫管理システムなど
② チャネル系システム/対外接続系システム：販売システム，物流・配送システム，資材調達システムなど
③ 情報系システム/経営情報システム：需要予測システム，顧客管理システムなど

のようになっている。

製造業にも多様な形態がある。まず，製品の製造手段別に見ると，自動車産業や電機産業のような組立て型と，石油産業や鉱工業のようなプラント型がある。また，生産量の決定方法別に見ると，見込生産と受注生産がある。普及価

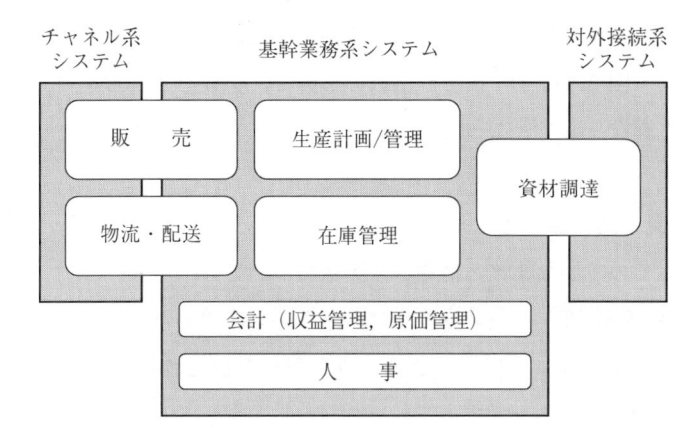

2.2 製造業情報システム

図 2.2 製造業における情報システムのサブシステム構成

格帯のテレビや衣料品などは，製品の販売予定数をあらかじめ決めて，決めた量だけ製品を生産し，その後に注文を受けて売りさばく見込生産型である。一方，大型コンピュータ，高級婦人服，プラントなどのような，非常に高額であるもの，多くの販売数が見込めないもの，あるいは生産に長時間を要するもの

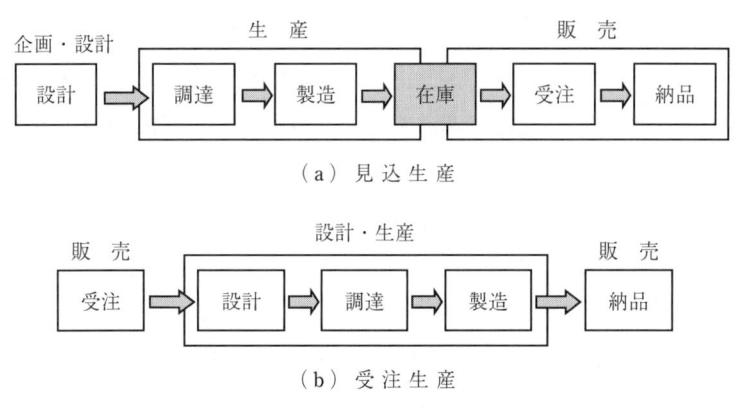

図 2.3 見込生産と受注生産の流れ

は，顧客から注文を受けてから生産を開始する受注生産型である．それぞれの生産の流れを図2.3に示す．それぞれの形態で，必要とされる業務および情報システムも異なるものとなっている．

2.2.2 見 込 生 産

見込生産での主要な業務と情報システムについて述べる．

（1）生産計画　見込生産では，あらかじめ決めた生産量を達成するために，生産設備をうまく操業できるような日程計画を作成する必要がある．図2.4に生産計画の例を示す．

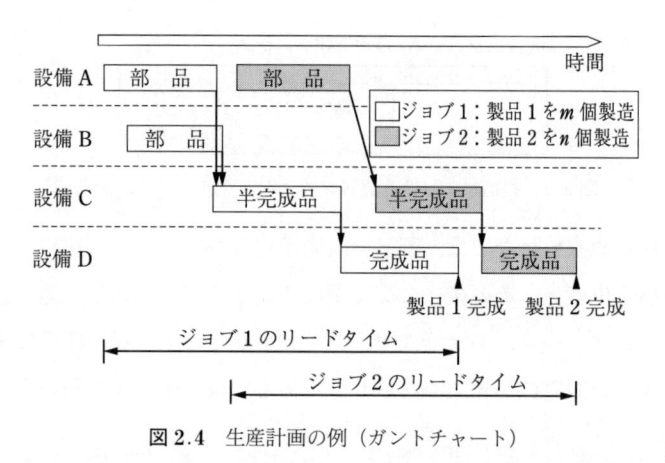

図2.4　生産計画の例（ガントチャート）

生産計画作成では，生産のプロセスを，単位作業や資源（設備・機械そして作業員）の組合せと，それらの間をジョブ（製品や部品の加工要求）が流れる経路によってモデル化し，所定の評価指標（納期遅れ最小化，設備の稼働率最大化，人員配置の適正化など）を最適化するように，ジョブの実行順序を決定する．この流れを図2.5に示す．

このような生産スケジューリング問題は，オペレーションズリサーチ（operations research：OR）分野での主要な研究分野の一つである．問題を解くアプローチとして，例えば，生産プロセスは典型的な離散事象システムであるので，ペトリネット（petri net）を用いて計画を作成する方法や，シミュ

2.2 製造業情報システム

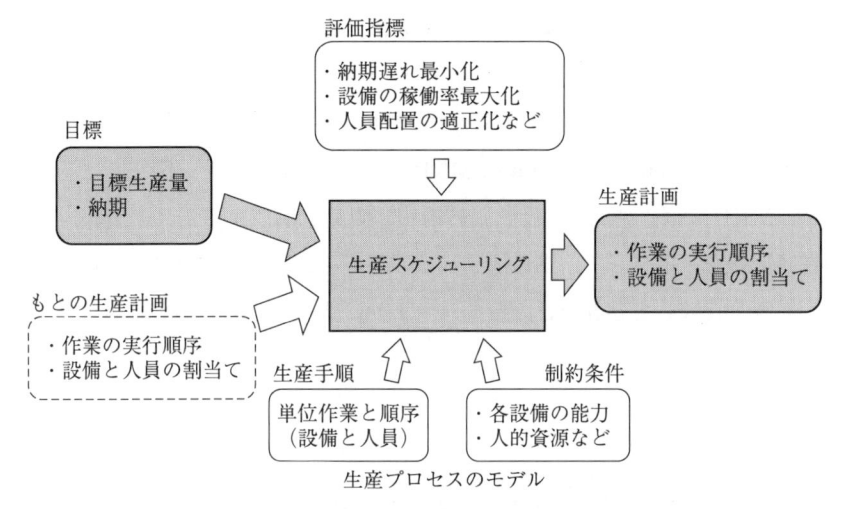

図2.5 生産計画作成（スケジューリング）の流れ

レーションを繰り返しながら競合を解消していき，計画を作成する方法などがある。

少品種大量生産から多品種大量生産あるいは多品種少量生産へと生産形態が変化するのに伴い，生産スケジューリングで扱う問題はますます複雑化し，最適解を求めることが非常に困難になってきた。これに対して，問題を部分問題に分割して解を求めてから解の整合性を調整する分散スケジューリング，専門家のノウハウを加味して効率的に準最適解を求めようとするヒューリスティック（heuristic，発見的探索），遺伝的アルゴリズム（genetic algorithm：GA）など，さまざまな解決アプローチが研究されている。

生産スケジューリングに関する新しい展開として，ゴールドラット（Goldratt）により提唱された制約条件の理論（Theory of Constraints：TOC）が注目を集めている。TOCは，生産活動の中で最も弱いところ（ボトルネック，制約条件）に着目して重点的にその部分を改善するという手法であり，最小の努力で最大の効果を得ようとするマネジメント手法といえる。TOCの理論体系は，生産スケジューリングにとどまらず，以降で述べるサプライチェーンマネジメント（SCM）における理論的な支柱の一つとなっている。

(2) **資 材 調 達**　立案された生産計画に従って製品を生産するにあたっては，生産の各時点で必要な資材（部品や原材料）が手元にある必要がある。製品生産に必要な資材の調達を管理する情報システムとして資材所要量計画（material requirement planning：MRP）が利用されてきた。図 2.6 に示すように，MRP では，製品の生産計画の情報，製品を構成する部品の情報，部品の在庫情報を入力として，どの部品がどの時点でどれだけ必要になるか，そして，在庫と比較してどれだけの量をいつまでに調達する必要があるかを算出する。

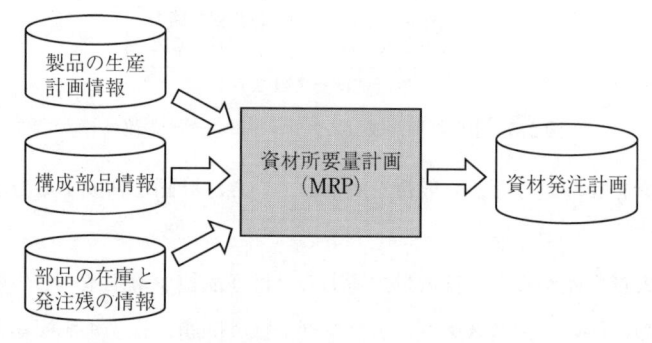

図 2.6　資材発注計画作成の流れ（MRP パッケージ）

(3) **在 庫 管 理**　見込生産では，注文を受ける前に製品を生産し，在庫（inventory）を持ってから製品を販売する。もし製品が売れなかった場合，すなわち需要に比べて過剰に生産した場合には不良在庫が生じる。不良在庫を持つ状態は，売り上げた場合の利益を実現できないだけでなく，在庫の保管のための余計なコストを発生させている状態である。一方，もし需要に比べて過小に生産した場合には，品切れによる機会損失（製品があったら得られたはずの利益）が生じる。双方の事態を避けるために，在庫量を適切な水準に保つよう在庫管理を行う必要がある。

　在庫管理の問題も OR の分野でこれまで盛んに研究されてきた分野である。在庫管理では，図 2.7 に示すように，まず，現在の在庫量，生産計画情報から得られる製品生産量の予定，確定している当面の製品出荷予定量，その先の需

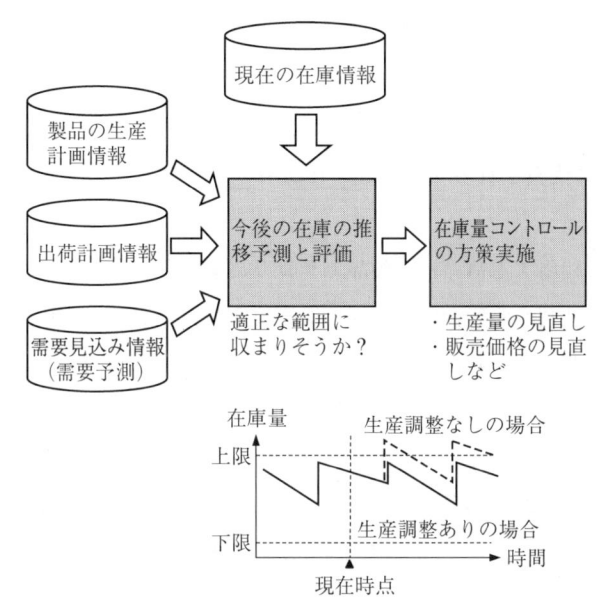

図 2.7 在庫管理の流れ

要見込みを総合して，在庫量が今後どのように推移していくかを予測・評価する．需要見込みについては，最良シナリオや最悪シナリオなど複数のケースを想定して評価する．この評価結果に基づいて，例えば在庫量があらかじめ設定しておいた上限値と下限値の間に収まるようにコントロールする方策を考えるのである．方策としては，生産に関しては生産量を当初計画から見直す生産調整が，出荷に関しては販売価格の引き下げや販売促進強化が考えられる．在庫量推移の予測評価と在庫コントロールのための生産計画見直しのサイクルを高頻度で実施できれば，在庫量の平均的水準を下げておくことが可能になる．

在庫管理では，工場，保管倉庫，販売部門など会社全体の在庫量をリアルタイムで把握できることが重要である．現在では，取引先企業の情報システムと接続し，取引先の店舗での在庫の量までを含めて把握している事例もある．

（4）**需要予測**　在庫を適正水準に保つためには，適正な量の製品をタイムリーに生産できる必要がある．このためには，将来の需要をできるだけ正確に予測できることが望ましい．需要予測については，これまでも盛んに研究

が行われてきており，生産計画作成用のソフトウェア製品には予測機能が組み込まれている例が見られる。需要予測の手法としては，回帰分析や多変量解析など統計的手法が主流を占めるが，ニューラルネットワーク（neural network）などに代表されるソフトコンピューティングに基づく手法も研究されている。

需要予測に利用する情報は，製品カテゴリにより一律ではないが，共通的なものでは，自社製品と競合他社製品の販売実績や価格戦略，市場全体についての購買動向などが用いられる。一方，製品カテゴリ別に特有のものとして，例えば，エアコンについては夏季の天候予測（酷暑か冷夏か）が，テレビについては関連イベントの有無（オリンピック開催や放送方式変更）が重要な情報となる。予測には誤差があるので，楽観シナリオや悲観シナリオなど複数のシナリオを求めておくことが意思決定の観点から重要である。

2.2.3 受 注 生 産

受注生産では，まず販売活動を行うことで顧客（発注元）から受注を得て，顧客に指定された仕様の製品を生産する。部品メーカーのように発注元から同一仕様の部品を受注して生産することを繰り返すような形態をメーカー受注生産と呼び，注文住宅メーカーのように毎回異なる仕様の製品を生産する形態を個別受注生産と呼ぶことがある。生産量の調整については，見込生産では製品在庫によって行えるが，受注生産では製品仕様が顧客ごとに異なるため，生産能力の余裕によって対応するしかない。このため，受注生産での在庫管理の重要性は相対的に低い。以下に，受注生産での主要な業務と情報システムについて述べる。

（1） **生 産 計 画**　個々の製品の生産順序が異なり，多品種少量生産を行うことになる。多品種少量生産を柔軟かつ効率的に行える生産体制のことをFMS（flexible manufacturing system）と呼ぶが，これを効率良く稼働させるための生産スケジューリングシステムが重要になる。

（2） **納期管理・進捗管理**　一般に，受注生産では，受注から納入までの

期間が長い場合が多い．この期間を短縮することが望まれるが，設計・生産の生産性を向上させるためには，CAD（computer aided design）やCAM（computer aided manufacturing）による設計業務支援や生産自動化が重要になる．また，個々の案件が，現在どの工程に入っているか，いつ完成予定かについて詳細に把握できる進捗管理が重要である．

（3）**見積もり，納期回答** 見込生産では，製品の販売価格については注文数量に応じて決定されることが多く，納期については在庫を持っているため短時間に出荷することが可能である．これに対し，受注生産では，製品の販売価格を決定するためには，顧客に指定された仕様をもとに製造に必要となる原材料や製造設備や人件費のコストを積み上げ，さらに利益を加算し，最終的な製品価格の見積もりを短時間で顧客に提示・回答することが求められる．また，受注後に製品を製造して納入するのに要する期間（納入リードタイム）についての見積もりを顧客に提示・回答することが求められる．納入期日を決定するためには，原材料調達に要する期間の情報と，生産スケジューリングを行って得られる生産所要期間の情報を用いる必要がある．このような個別見積もりの業務を支援するための情報システムが利用される．

（4）**顧客管理** 受注生産では，製品納入先の顧客についての情報の蓄積・管理を行う顧客管理システムが重要になる．どの顧客に製品を納入したか，納入した製品の仕様はどのようなものかを管理しておくことで，納入した製品のメンテナンスや不具合があった場合の対応が容易になる．また，製品を納入してから一定期間経過した顧客に対して製品の更改を提案するなど，販売活動の支援の観点からも重要である．

2.2.4 原 価 管 理

見込生産においても受注生産においても，製品の販売価格を決定するにあたって，原価管理が非常に重要である．見込生産において製品の価格を決定するため，あるいは受注生産において受注活動中に適正な見積もり価格を提示するためには，部材の仕入れコストや製造コスト（直接費）を積み上げる原価計算

を行う必要がある。また，直接費のほかに，研究開発投資のコストや会社機能に必要な事務など間接業務のコスト（間接費）も原価に組み入れられる。

　原価計算において，これまでは，間接費の総額を適当な比率で各製品の原価に配分するようなことが行われていた。しかし，これでは各製品や各事業部門で実際に採算がとれているのかどうかを判断することが困難である。これに対し，製品についての直接費だけでなく，間接業務のコストも製品ごとに厳密に割り振り，より正確に製品のコストを算出しようという考え方がある。これを活動基準原価計算（activity based costing：ABC）と呼ぶ。また，ABCにより得られたデータをもとに業務を分析し，人や資金の配分の見直しなどを行う管理手法を活動基準管理（activity based management：ABM）と呼ぶ。

2.2.5　ERP

　1990年代半ばから，ERP（enterprise resource planning）パッケージと呼ばれるものが台頭してきた。これは，企業の全業務をカバーする統合業務パッケージである。代表的なものにドイツのSAP社が提供するR/3がある。図2.8にERPパッケージの構成を示す。ERPパッケージは以下のような特徴をもっている。

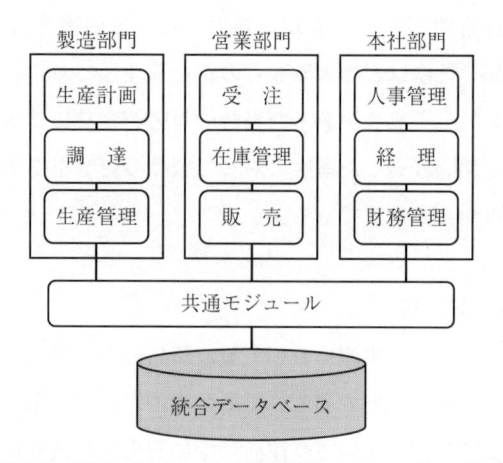

図2.8　ERPパッケージ（統合業務パッケージ）の構成

① 企業全体の業務を統合したパッケージである。統合データベースを中心として企業の各部門の業務機能が統合化されており，経営判断や意思決定が迅速に行えると期待されている。また，システムの導入に要する期間とコストが削減される。最近では，さらに進化を遂げ，企業間での業務を統合するSCMにも適用範囲を拡大してきている。従来，個々の情報システムは自社で開発することが前提になっていた。しかし，ERPパッケージの登場により，情報システムはハードウェアと同様に購入するものだというように，情報システム開発業務の考え方が大きく変化してきた。

② ソフトウェアに業務ノウハウが埋め込まれており，新しい業務の流れを構築しやすい。ERPパッケージは，単なる自社開発の代替手段としてではなく，BPRを実現するインフラとして重視されている。優れたERPパッケージは先進的な企業の成果を取り入れて開発されているといわれており，パッケージに合わせて業務の進め方を変革することによりベストプラクティス（best practice，最も優れた仕事の進め方）に近づけることができると期待される。また，会計基準などが国内の慣習から国際的な慣習に移行する動きが出てきており，国際的基準を採用している海外生まれのパッケージを利用するほうが移行に都合がよいということも指摘されている。

このような特徴をもつERPパッケージの導入を成功させるには，従来のユーザー主導のシステム開発から経営主導の開発へと考え方を変える必要がある。導入にあたって，過剰なカスタマイズは避けなければならない。

2.2.6 サプライチェーンマネジメント

原材料や部品の調達，製品の製造，物流・配送，販売に至る一連の業務の流れをサプライチェーン（supply chain，供給の連鎖）と呼ぶ。図2.9に示すように，サプライチェーンには企業の複数の部門や複数の企業が含まれている。従来から部門単位や企業単位では生産や在庫の最適化が図られてきた。しかし，それぞれの部門や企業が自己の都合のみで機会損失防止のために見込みで在庫を持ったり，設備の稼働率向上のために余分な在庫を持ったりすると，サ

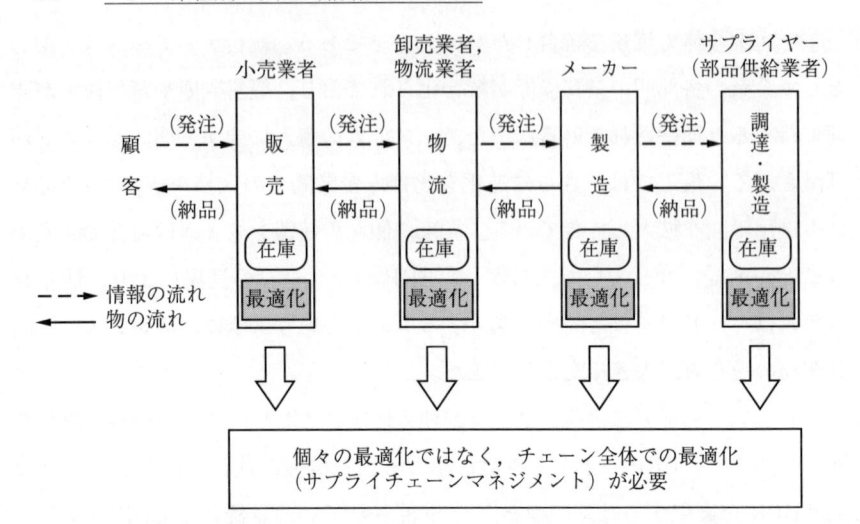

図2.9 サプライチェーン（供給の連鎖）

プライチェーン全体で見ると多くの無駄が生じる。

そこで，部門間や企業間の壁を越えて各種の情報や資源を共有し，サプライチェーンについての全体最適化を図る経営管理手法として提唱されたものがSCMである。1980年代に調達や物流（ロジスティクス，logistics）の分野で提唱され始め，1990年代になって急速に注目されてきた。サプライチェーン全体をあたかも一つの企業のようにとらえ，部門間，会社間で生産や在庫の状況などを共有し，全体としての生産や在庫を最適に計画・管理するのである。

SCMの成功事例として，米国のデルコンピュータ社が有名である。パソコンの生産形態は，一般に見込生産型である。プロセッサなど部品の進歩が速く，年間に何種類もの新製品が発売されるが，製品の陳腐化が速く製品寿命が半年くらいの場合もある。このような変化の激しい業界では，製品の販売動向を把握し，生産量を迅速にコントロールする必要がある。しかし，生産量が頻繁に変わると，部品メーカーはこれに対応するために在庫を過剰に持つ必要があった。デルは，インターネットで顧客から受注するビジネスモデルを採用している。顧客が標準モデルをベースにCPUやメモリの変更，追加オプションを指定して自分だけの仕様のパソコンを注文できるBTO（build to order）と

呼ばれる注文形態を提供している．受注から4日程度での納品を実現するため，デルでは製品の販売動向，生産計画，需要予測，部品在庫の情報を部品メーカーに提供している．部品メーカーはこれらの情報提供を受けて，計画的に部品生産を行えるようになっている．

SCMでは，各会社や部門の生産や在庫の状況を把握し，全体としての生産や在庫を最適に計画する必要がある．これはサプライチェーンプランニング（supply chain planning：SCP）と呼ばれ，膨大な計算能力や特殊な手法が必要になる．代表的な手法として，TOC理論，APS（advanced planning and scheduling），人工知能研究の延長線上の手法（制約論理型処理系などの名前がついている），OR分野の混合整数計画法などがあり，多くのソフトウェアパッケージ（SCMパッケージ）が提供されている．SCMパッケージのおもな機能には，生産スケジューリング，物流・配送計画，需要予測，納期回答などがある．なお，計画立案の前提となる情報把握のためには，生産・流通の現場からの情報を正確に把握するしくみや，ネットワークを介して企業間で情報を交換するシステムが不可欠であるが，ERPパッケージはこの情報収集と情報配送機能を提供することができる．

欧米では，サプライチェーンカウンシル（supply chain council：SCC）において，SCOR（supply chain operation reference model，サプライチェーン参照モデル）の標準化作業が進められている．参照モデルにおいて，**図2.10**

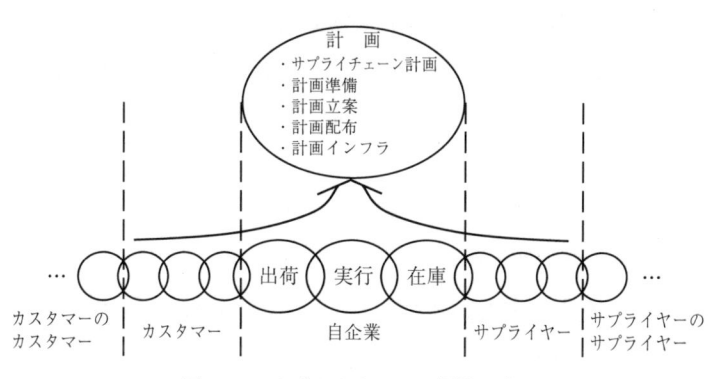

図2.10 サプライチェーン参照モデル

に示すように，計画，在庫，実行，出荷の四つが基本業務プロセスである．図では，計画以外の基本業務プロセスは省略しているが，それぞれが4～6個の業務プロセス（合計19個）に分かれている．この参照モデルを規範として，個々のSCMが開発される．

なお，ロジスティクス関係での企業・組織を越えた最適化の手法としては，以下のようなものがある．

- 連続補充方式（continuous replenishment program：CRP）：卸売業者やメーカーが店舗でのPOS売上量に応じて補充量を決定し，在庫管理を代行する．
- 事前出荷明細（advanced shipping notice：ASN）：商品出荷時に店舗や流通センターへの到着時刻や出荷カートン別出荷内容を連絡し，受け手の業務の効率化を図る．
- ソースマーキング：サプライチェーンでの管理の効率化のためにメーカーがバーコードをつける．

SCMにより，チェーン全体としての売上げの増加，在庫の削減，設備や種々のコストの削減などが期待される．

2.3 流通業情報システム

2.3.1 流通業における情報システムの構成

流通業における情報システムのサブシステム構成は，図2.11に示すように
① 基幹業務系システム：受発注，販売管理，在庫管理，配送計画のためのシステム
② チャネル系システム/対外接続系システム：販売システム，物流・配送システムや商品仕入れシステム
③ 情報系システム/経営情報システム：売れ筋分析や顧客管理のためのマーケティング情報システム

のようになっている．

2.3 流通業情報システム

```
チャネル系          基幹業務系システム          対外接続系
システム                                    システム

  ┌─────────┐   ┌──────────────┐   ┌─────────┐
  │ 販売(POS) │   │ 販売管理,受発注 │   │         │
  └─────────┘   └──────────────┘   │ 商品仕入れ │
                  ┌──────────────┐   │         │
  ┌─────────┐   │   配送計画    │   └─────────┘
  │ 物流・配送 │   └──────────────┘
  └─────────┘   ┌──────────────┐
                  │   在庫管理    │
                  └──────────────┘
                ┌──────────────────────┐
                │ 会計(収益管理,原価管理) │
                └──────────────────────┘
                ┌──────────────────────┐
                │        人　事        │
                └──────────────────────┘

情報系システム/経営情報システム
┌──────────┐ ┌──────────┐
│ 売れ筋分析 │ │  顧客管理  │  ……
└──────────┘ └──────────┘
```

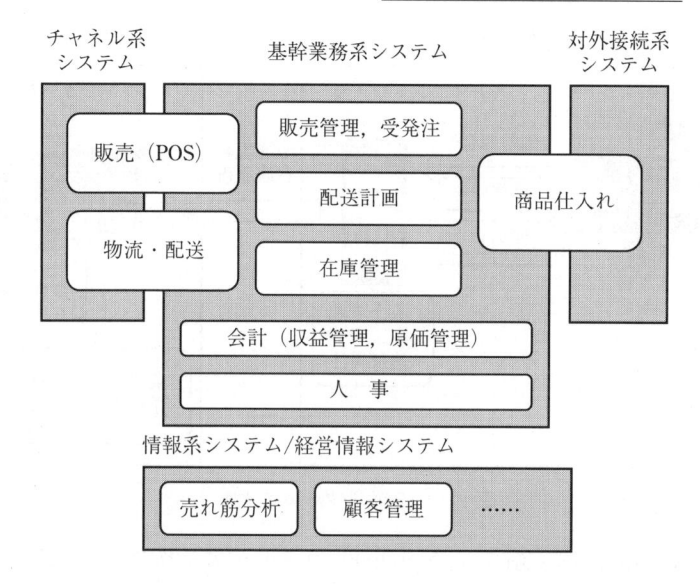

図 2.11 流通業における情報システムのサブシステム構成

　流通業にも多様な形態がある。販売先を見ると，商品を仕入れて店舗で顧客（消費者）に販売する小売業の形態，商品を仕入れて小売業に販売する卸売業の形態がある。さらに，小売業について販売する商品の品ぞろえの幅から見ると，総合小売業（デパートなど）と専門小売業（家電品店など）に分けられる。また，保有する店舗数から，チェーン店の形態と単独店の形態に分けられる。このように流通業には多様な形態があり，それぞれの形態に応じて重視される業務および情報システムも異なっている。ここでは，おもに小売業における業務と情報システムについて述べる。

2.3.2　販売管理，在庫管理，受発注

（1）**POS システム**　スーパーマーケットなどの小売業では，従来から POS（point of sales，販売時点管理）システムが利用されてきた。図 2.12 に POS システムの構成を示す。店舗にある商品の包装や外箱にはバーコードが印刷・貼付されている。バーコードには世界で共通化された商品コード体系で

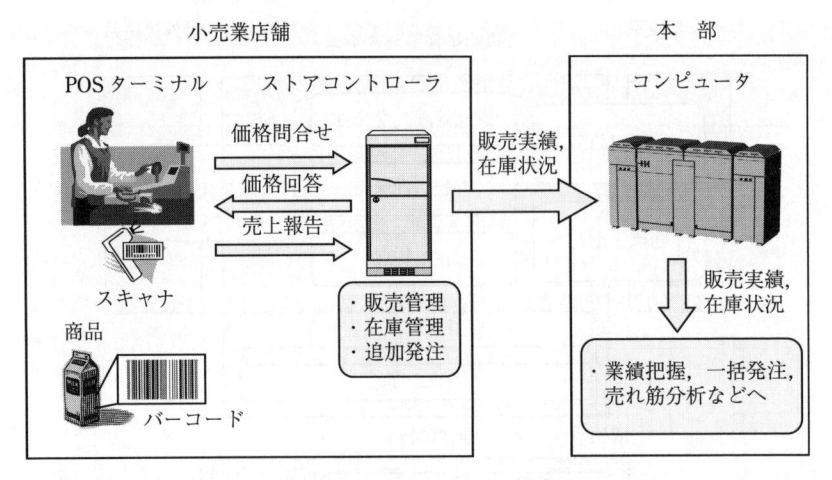

図 2.12 POS システムの構成

あるJAN（Japanese Article Number）コードが書かれている。精算のために商品がレジに持ち込まれると，店員によりPOSターミナルに付属のスキャナ（scanner, 読取り装置）で商品のバーコードが読み込まれる。全商品についてバーコードが読み取られると，買い上げ総額が計算され，代金の受け取り，おつりの計算と返金，レシートの印刷などが行われるしくみになっている。POSの導入により，レジでの精算業務の正確さとスピードが高まり，顧客の待ち時間が短縮されると同時に，熟練度の低い店員にもレジ業務を任せることが可能になった。しかし，これはPOSシステム導入のねらいの一側面に過ぎない。

POSシステムでは，POSターミナルのほかに，店舗にストアコントローラと呼ばれるコンピュータが設置されている。ストアコントローラは，商品の販売価格を一括管理しており，各POSターミナルから商品のJANコードを受信すると商品の価格をPOSターミナルに回答する。さらに，ストアコントローラは，店舗のすべてのPOSターミナルから販売の実績データを収集し，店舗全体での商品別の販売数量や売上金額を集計したり，商品の仕入数量と販売数量から在庫量を計算したりする機能をもっている。また，集計した販売数量や売上金額を本部のコンピュータに送信・報告する機能をもっている。本部側

のコンピュータでは，各店舗からの報告データを受信して，会社全体としての業績を把握したり，商品別の売れ行きを分析したりすることが可能である。また，仕入先（メーカーや卸売業者）に対して商品の一括発注を行うこともできる。

（2） **EOSシステム**　店舗からの発注データを本部あるいは取引先企業のコンピュータに送るシステムをEOS（electronic order system）と呼ぶ。EOSでは商品在庫を調べて発注数量を入力するが，最も単純なものは棚札スキャン方式である。棚にバーコードを貼っておき，店員がその棚の在庫を目で確かめて，スキャナでバーコードを読み込んだ後に発注数量を入力する方式である。進化した方式としてGOT（graphic order terminal）の利用がある。端末のディスプレイに棚と同様の画面が表示され，POSとの連携により，そこに現在の在庫量が表示される。この画面を操作して発注量を入力する方式である。EOSの導入による発注（店舗）側のメリットには，① 発注作業の効率化，② 納期短縮，③ 在庫の適正化，などがある。一方，受注（本部や取引先企業）側のメリットには，① 受注作業の効率化，② 返品の低減，③ 在庫の適正化，④ 在庫管理，出荷管理，物流管理などの情報システムとの連動による合理化が挙げられる。

2.3.3　物流・配送

物流・配送は，ロジスティクスとも呼ばれる。店舗や小売業からの注文要求を受けて，**図2.13**に示すように，配送センターなどの物流拠点にある商品を店舗などに配送する。

この際，どのトラックが，どの商品を積載し，どのようなルート・順序で各店舗へ商品を配送するかについて，効率的な配送計画を立てる必要がある。配送計画作成では，**図2.14**に示すように

・制約条件：配送センター別の商品在庫量と利用できる資源（トラックや運転手の人数，各トラックの積載可能量）など

・配送経路情報：配送センターから各配送先までの移動，および配送先の間

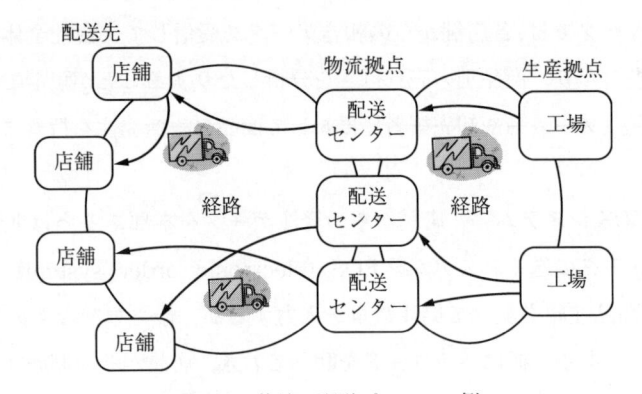

図 2.13 物流・配送プロセスの例

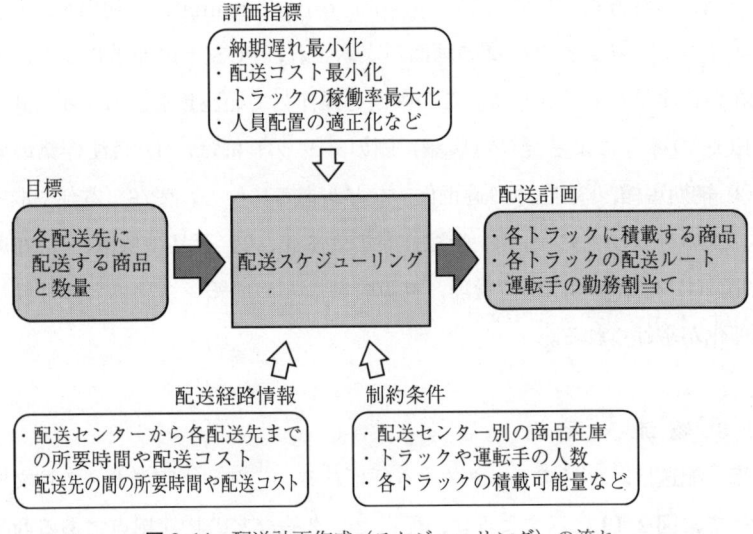

図 2.14 配送計画作成（スケジューリング）の流れ

での移動についての所要時間や配送コストを与えて，納期遅れ最小化，配送コスト最小化，トラックの稼働率最大化などの評価指標のバランスをとりながら，最適な配送計画を作成する。

先に述べた生産計画問題とならんで，配送計画問題も OR 分野の中心的な研究対象である。配送計画問題の中でも，複数の工場から複数の需要地（商品倉庫や小売店）へ商品を輸送するときに，複数の輸送ルートがあり，輸送ルート

ごとに輸送コストが定められているとき，最少費用で全商品を輸送する方法を見つける問題は輸送問題（transportation problem）と呼ばれる。基本的な輸送問題については，グラフ理論，ネットワーク理論を応用して解くことができる。このほかに，最短経路問題や巡回セールスマン問題（traveling salesman problem：TSP）など，さまざまな問題がモデル化され，その解法について現在も活発に研究がなされている。

　小売店では，卸売業者やメーカーに商品を発注するとき，自店が持つ在庫をできるだけ少なくするために，必要なときに必要な量を小ロットで注文する。その場合，卸売業者やメーカーは少量の配送を多頻度で行う必要ある。このような多頻度少量配送を実現するために，配送設備の充実とともに情報システムの活用がますます不可欠になる。ただ，極度の多頻度少量配送が，交通問題や環境問題を悪化させる一要因にもなっている。

2.3.4　売れ筋分析，顧客分析

　スーパーマーケットなど薄利多売の小売業では商品の回転率（＝総売上個数/平均在庫個数）を高めて利益を上げている。そのため，POSデータから各商品の回転率を算出し，売れている商品（売れ筋）と売れていない商品（死に筋）を把握する必要がある。売れ筋商品では，品切れを起こさないように商品の補充をしっかり行う必要がある。一方，死に筋商品では，店舗にある不良在庫を一掃するために，仕入れを中止し，値引きを行うなどの必要がある。

　複数の店舗を抱える小売業であれば，POSデータを分析することで，図2.15に示すような，店舗ごと，さらには地域ごとの売れ筋分析による把握

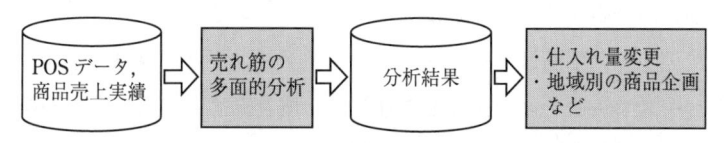

POSデータ，商品売上実績 → 売れ筋の多面的分析 → 分析結果 → ・仕入れ量変更 ・地域別の商品企画 など

各商品について，店舗別，地域別，時間別，客層別など

図2.15　売れ筋分析

が可能である。売れ筋商品について，店舗により傾向が異なるか，あるいは地域により傾向が異なるかなどを見ることができる。この結果は，例えば地域限定商品の発売などの企画に活用することも行われる。

POSシステムでは売れた商品と個数のデータが取得できるが，近年，コンビニエンスストアなどでは，商品の精算時にレジの店員が顧客の性別や年齢層などのデータを入力する例も見られる。こうすることで，「どんなお客がその商品を買ったか」という客層別の売れ筋を把握することが可能になってきた。

一方，通信販売業では，顧客から注文を受けると，新規顧客であれば氏名や住所，年齢，性別などの個人情報を顧客DBに登録している。また，大型の家電品小売業などでは，顧客に自社のポイントカードやクレジットカードを発行する例が増えてきた。このようにして顧客の個人情報を入手・管理し，そのあとに顧客が買物をした際の購買行動データを入手できる仕掛けを整備することで，顧客一人ひとりの購買行動を把握・分析することが可能になる。顧客ごとの購買データのような基幹業務系システムで生み出されるデータを蓄積していくデータベースのことを，データウェアハウス（DWH）と呼ぶ。DWHは情報系システムの前提となるものである。さまざまな業種において，DWHの整備が行われている。

DWHに蓄積された顧客の購買実績を分析する代表的な手法にRFM分析がある。RFM分析では，recency（最新購買日），frequency（購買頻度），monetary（購買金額）の三つの項目に基づいて顧客にスコアをつける。そして，例えばスコアが高い顧客層に絞って優待セールなどのダイレクトメールを送るなどの販売促進活動を行う。こうすることでダイレクトメールに対する応答率（顧客が来店する，あるいは購買する）を高めることができる。このようなマーケティング手法はデータベースマーケティングと呼ばれてきた。また，データベースマーケティングなどを通じて，既存顧客との良い関係を築き維持しようとする顧客管理手法のことをCRM（customer relationship management，顧客関係管理）と呼ぶ（図2.16）。近年では，上記のRFM以外の多様な項目のデータをDWHから抽出・利用して，データの中に隠れた重要な

図中:

名前	性別	年齢	住所	過去1年の購買額	…
Aさん	女性	38	東京都	25万円	…
Bさん	女性	25	大阪府	7万円	
Cさん	男性	47	東京都	12万円	

顧客情報 DB

データウェアハウス　顧客の購買行動情報

名前	購入日	商品	金額	…
Bさん	12月20日	X化粧品	1万円	…
Bさん	1月10日	Y洋服	5万円	
Aさん	1月23日	Z家具	10万円	

顧客行動分析
・RFM，統計手法
・データマイニング

⇒ 分析結果
・ある商品を買ったのはどんな客層か
・つぎにだれがその商品を買いそうかのスコア

⇒ プロモーションの立案・実行
・ターゲット顧客層へのダイレクトメール発送
・顧客層別の商品企画

（注）RFM：recency, frequency and monetary

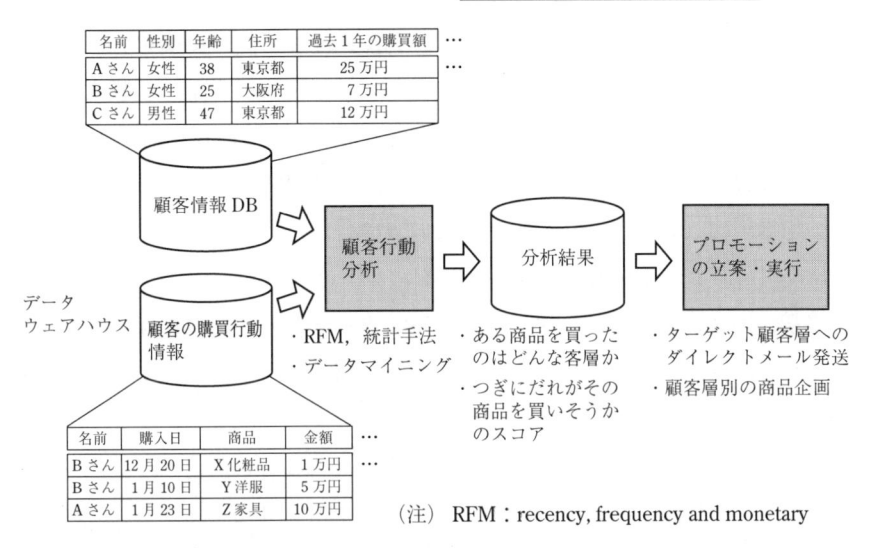

図 2.16　データベースマーケティング，顧客関係管理（CRM）

傾向などを抽出するデータマイニング（data mining，データの発掘）と呼ばれるさまざまな手法が研究され実用化されてきている．例えば，同時に購買されることが多い商品の組合せや，ある商品を購入する顧客のプロフィールなどが，データマイニングの結果，発見されたという事例が報告されている．

店舗に来た顧客が商品を購入した場合に「その商品をだれが買ったか」を知ることはできるが，店舗には来たが商品を買わないで出て行った顧客が「どうして買わなかったのか」を知ることはできない．これに対して，近年，進展が著しいインターネット上でのショッピングでは，顧客が小売業の Web サイトを訪問・閲覧したことを検知（アクセスログ分析）することで，例えば，顧客がどの商品の画面をどのくらいの時間見ていたかといったデータを取得することができる．これにより，商品を買っていない潜在顧客についての行動分析も可能になりつつあるなど，マーケティングの対象領域が広がってきている．

2.3.5　EDI と e マーケットプレイス

企業間をネットワークで接続し受発注データを交換することが，以前から行

われてきている。このような企業間での電子的なデータ交換を EDI (electronic data interchange) と呼ぶ。EDI により，迅速かつ正確な情報交換および情報共有が可能になった。2.3.2項で述べた EOS も EDI を前提としている。EDI においては企業（の情報システム）間で円滑にデータを交換するための標準規約（取決め）が重要であり，これはビジネスプロトコル (business protocol) あるいは EDI 標準と呼ばれる。

当初，EDI は受発注データの交換からスタートしたが，現在は，在庫情報や生産計画情報などの交換へとカバーする対象が拡大してきた。このように，EDI は先に述べた SCM 実現の基盤となっている。

EDI あるいは SCM では，パートナー関係があらかじめ固定されている企業間でのデータ交換を対象としており，接続関係は1対1である。これに対し，近年，図 2.17（c）に示すような，e マーケットプレイス (e-marketplace, 電子市場，7.7節で詳述) と呼ばれる企業間ネットワークのサービスの場が登場してきた。これは企業間を n 対 n で接続しようとするものである。e マーケットプレイス上で，参加企業は，より有利な条件での取引や，新規の取引先の開拓を期待している。現状では，e マーケットプレイスの多くは業種単位で存在しており，業界トップの企業が開設するケースが見られる。

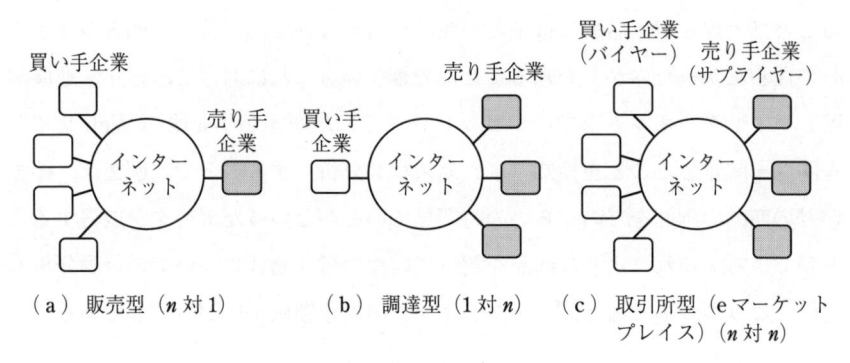

(a) 販売型（n 対 1）　(b) 調達型（1 対 n）　(c) 取引所型（e マーケットプレイス）（n 対 n）

図 2.17　企業間電子商取引（B to B EC）のモデル

2.3.6 トレーサビリティ

宅配便業界では，輸送中の荷物の所在，配達状況などを，顧客からの電話あるいは Web 上での照会に応じて即座に回答できる問合せサービスを提供している。図 2.18 に貨物追跡（トラッキング）システムの流れを示す。荷物の受付けから配達完了までの間の，集荷，中継点着荷/発送，配達店到着，配達完了の情報が，各拠点の端末から逐次入力・報告され，本部のコンピュータでは最新の情報に更新される。これにより，つねに最新の貨物情報を回答できるシステムとなっている。顧客サービス向上のためだけでなく，輸送品質管理のためにも重要なものである。

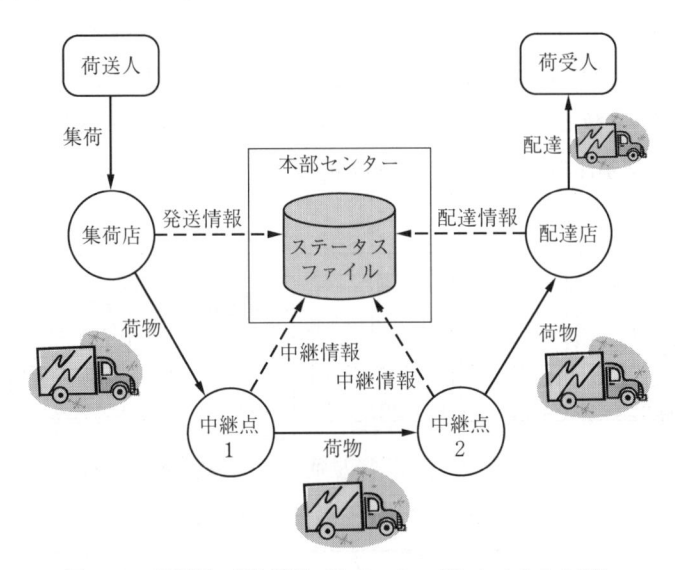

図 2.18 宅配便の貨物追跡（トラッキング）システムの流れ

近年，スーパーマーケットの店頭での生鮮食品の産地偽装，高級ブランド品の偽物の横行，医療現場での医薬品の誤使用による事故など，消費者・患者や正規の製造業者に不利益を与える事件・事故が起きている。このような犯罪や事故を防止する方策として IT を活用した物品の追跡管理（トレーサビリティ，traceability）が注目されてきた。商品が製造され，消費者に販売され，その後に廃棄/リサイクルされるまでのライフサイクル全般の品質管理につい

て，個々の商品および商品を構成する個々の部品の追跡ができることを目的としている。

トレーサビリティを実現する範囲としては，図2.19に示すように企業内に閉じたものと，企業間にまたがった業際的なものがある。前者では，社内での在庫管理や資産管理などの効率化，あるいは不具合の原因究明と対策の迅速化など品質管理の高度化を目的としている。また既存システムを拡張して実現できるため，トレーサビリティの意義が短期間で浸透しつつある。一方，後者では，業界単位での対応が必要であるため，浸透には時間を要する。産・官・学での共同検討などの取組みが始まった段階である。

物品の追跡の手段として，まずバーコードなどの利用が考えられるが，小型部品への適用が困難であるなどの問題がある。これに代わる手段として，近年，数ミリ〜数センチ角の微小な無線IC（radio frequency identification：RFID）タグが注目されている。無線ICタグにデータを記憶させ，電波でリ

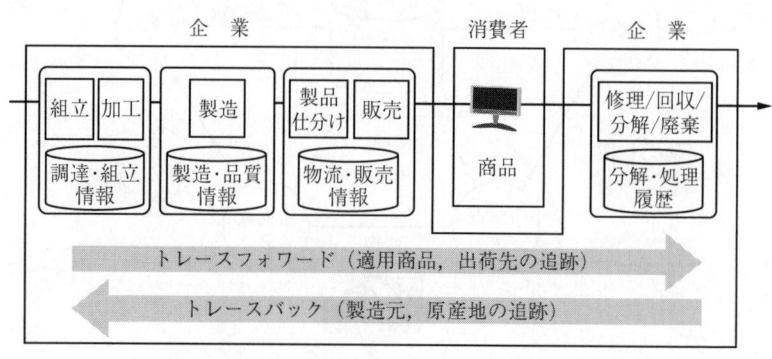

（a）企業内トレーサビリティ（ライフサイクル管理）

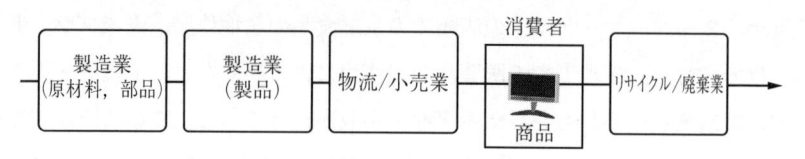

（b）企業間（業際）トレーサビリティ

図2.19 トレーサビリティの概要

ーダ（読取り器）と非接触に交信するものである．将来的にはすべての物品に無線ICタグが埋め込まれる可能性を秘めている．例えば，食品を入れると自動的に賞味期限を知らせるインテリジェント冷蔵庫などが考えられる．先に述べた，スーパーマーケットでの産地情報の照会や，医薬品の誤使用防止などでの活用が期待されている．

2.4 金融業情報システム

わが国の金融業界は，戦後の長期にわたって，政府主導の種々の規制に保護された「護送船団方式」のもとで安定した経営を行い，規制の枠内で業務の効率化を進めてきた．しかし，「金融ビッグバン」（他業種からの参入障壁撤廃など規制の大幅緩和）の流れの中で，従来の業務形態から金融サービス業へと転換を図りつつある．ここではおもに銀行における情報システムを紹介する．

2.4.1 金融業における情報システムの構成と変遷

わが国の金融業における情報システムは，その発展段階に沿って，表 2.1 に示すように，第1次，第2次，および第3次金融オンラインシステムと呼ばれ

表 2.1 都市銀行におけるオンラインシステムの開発規模

発展段階 項目	第1次	第2次	第3次	ポスト第3次
時　期	1965 年 (昭和 40 年)〜	1974 年 (昭和 49 年)〜	1987 年 (昭和 62 年)〜	1994 年 (平成 5 年)〜
投資額	150 億円	300 億円	500〜1 000 億円	―
コンピュータ 処理能力	1 MIPS	10 MIPS	100〜400 MIPS	―
プログラム開発 ステップ数	50 万ステップ	200 万ステップ	500〜1 000 万ステップ	―
オンライン処理 業務	預金，為替の 個別処理	預金，為替， 融資の連動処理	勘定業務に加えて 情報系など統合化	詳細業務への 細分化
ネットワーク 範囲	銀行内 (本一支店間)	銀行間， 銀行一大企業間	銀行一顧客間， 業務/国際ネット	国際ネット/ 業際ネット

ている。各システムのねらいと成果について述べる。

（1） **第 1 次金融オンラインシステム（1965 年ごろ〜）**　第 1 次金融オンラインシステム以前には，銀行の営業店では人海戦術で事務をこなしている状況であった。普通預金などの小口取引が急増してきたことにより各営業店はパンク寸前であり，その解決が強く望まれていた。このころの銀行は，利ざやが政府により保証されており安定した経営環境にあった。そのため，激増する小口取引事務を処理するための機械化が競争優位の源泉となる状況にあった。

第 1 次金融オンラインシステムの柱は，即時処理を必要とした普通預金記帳業務の自動化（オンライン記帳）であった。預金，為替など科目別のオンライン化が実施され，さらに貸付や外国為替を含めた全科目のオンライン化が実現された。また同時に，口座振替が実現され公共料金などの自動引落しが可能となった。この自動振替サービスは，各家計との取引をすべて自行で行う，つまり家計のメインバンク化の有力な手段となった。

本システムにより普通預金記帳業務が自動化され，営業店での顧客の待ち時間が大幅に短縮された。さらに，自動振替に切り替えた分だけの営業店事務が削減された。このように，取引の拡大と事務量の削減が同時に達成された。

（2） **第 2 次金融オンラインシステム（1974 年ごろ〜）**　第 1 次金融オンラインシステムによる自動振替サービスが浸透するにつれて，残高不足で引落し不能になる事態が総件数の 1 割にも達するようになった。一方，銀行側からもセンターの運用をスムーズにしたいという要求が出てきた。これらの課題への対応を含め，1974 年ごろから第 2 次金融オンラインシステムの構築が始まった。

第 2 次金融オンラインシステムの柱は，総合口座と多科目連動処理の二つであった。

　a） 総合口座：上記の運用上のニーズに対応するために，給与振込，当座貸越，現金自動支払機（cash dispenser：CD）のサービスを一体化する「総合口座」が提供された。

　b） 多科目連動処理：振替伝票の突合せや回覧の手間を省くとともに，同一

データの再入力を防ぐという目的で開発された.これにより,為替と預金の連動,貸出と預金の連動などが実現された.総合口座もその応用の一つである.

多科目連動処理とそれに支えられた総合口座の二本柱は,当時,口座拡大から顧客総合管理へとシフトしつつあった都市銀行の業務戦略のバックボーンとなった.各企業が給与振込制度を採用したことと時期が一致したこともあり,本システムは,支払資金だけでなく各家庭の月収の全体をその源から取り込んでしまうという効果を上げた.

(3) 第3次金融オンラインシステム(1987年ごろ〜) 1980年代に入り,日本は経常収支の黒字化が継続し累積する中にあって,対外的な資産が急速に拡大し世界一の債権国になった.こうした中で,通信やコンピュータの技術革新の進展とともに,金融の自由化,国際化など金融機関を取り巻く経営環境が大きく変わってきた.第3次金融オンラインシステムの構築は,上記のような背景の中で,おもに以下のねらいをもって進められた.

1) よりいっそうの合理化・効率化の推進
2) 営業支援や収益管理を推進するための情報系システムの構築
3) ネットワークの広がりと顧客サービス推進への対応
4) 証券化・国際化への対応
5) 信頼性・安全性のさらなる追求

第3次金融オンラインシステムの特徴は,**図2.20**に示すように,システムを複数のサブシステムに分割して構築し,各サブシステムが有機的に連携していることである.

現在,金融業情報システムは以下のようなサブシステムから構成されている.

a) 基幹業務系システム:勘定系(預金・貸金・為替を中心とした業務を行う従来型の基幹システム)システムや,資金証券系システムから構成される.第3次オンライン化にあたっては,勘定系システムでは,トランザクション(transaction,処理要求)量増大への対応,信頼性向上のための回線多重化・複数センター化,名寄せ機能による顧客口座元帳管理,

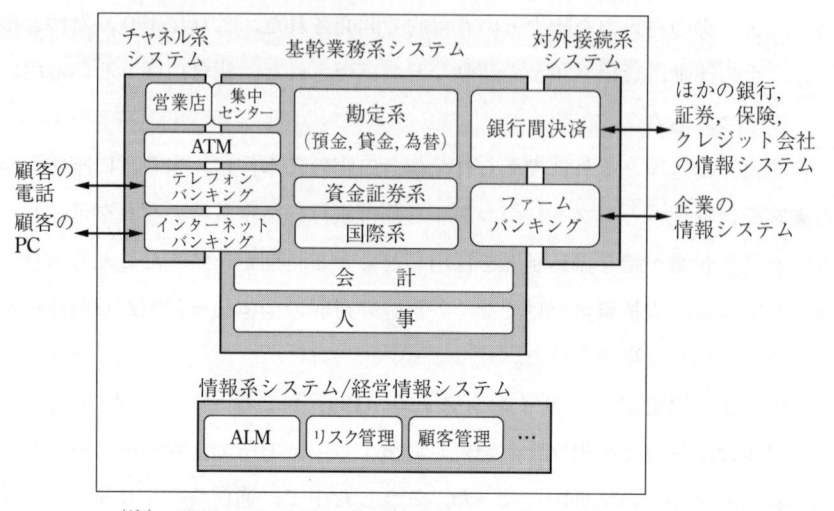

```
┌─────────────────────────────────────────────────┐
│  チャネル系      基幹業務系システム   対外接続系  │
│  システム                           システム     │
│  ┌──────┐  ┌────┬────┐  ┌──────────┐  ┌──────┐ │
│  │営業店│  │    │集中│  │  勘定系  │  │銀行間│ │
│  └──────┘  │    │センター│ │(預金,貸金,為替)│  │決済│ │
│  ┌──────┐                              └──────┘ │
│  │ ATM  │                                       │
│  └──────┘  ┌──────────┐  ┌──────┐              │
│  ┌──────┐  │資金証券系│  │ファーム│             │
│  │テレフォン│  └──────────┘  │バンキング│          │
│  │バンキング│  ┌──────────┐  └──────┘          │
│  └──────┘  │  国際系  │                       │
│  ┌──────┐  └──────────┘                       │
│  │インターネット│                                  │
│  │バンキング │                                    │
│  └──────┘                                      │
│            ┌──────────────────┐                │
│            │      会   計     │                │
│            └──────────────────┘                │
│            ┌──────────────────┐                │
│            │      人   事     │                │
│            └──────────────────┘                │
│                                                 │
│    情報系システム/経営情報システム               │
│    ┌────┐ ┌──────┐ ┌──────┐                   │
│    │ALM │ │リスク管理│ │顧客管理│ …             │
│    └────┘ └──────┘ └──────┘                   │
└─────────────────────────────────────────────────┘
```

(注)　ATM：automated teller machine
　　　ALM：asset and liability management

図2.20　金融業における情報システムの構成（第3次金融オンラインシステム）

サービス時間延長に応えるためのオンライン/バッチ並列処理などが実現された。資金証券系システムは約定，売買などの事務処理のほかに，相場報道，ディーリング，資産管理，採算管理などを行うシステムであり，規制緩和の進展に合わせて段階的に開発された。国際系システムは海外支店，現地法人の機械化や外国為替システムの構築などの事務処理システム化に加えて，内外市場の連動に伴う調達・運用を内外一本化したリスク管理，情報一元化による営業支援などを行うものである。

b) チャネル系システム/対外接続系システム：チャネル系システムには，営業店システム，ATM（automated teller machine，現金自動受け払い機）システム，テレフォンバンキングシステム，インターネットバンキングシステムなどがある。一方，対外接続系システムは，ほかの金融機関や顧客企業のコンピュータや端末と接続して，資金決済や預金残高照会，取引明細照会などのサービスを提供するシステムである。銀行間決済システム，ファームバンキングシステムなどが含まれる。対象によっ

て，自動照会システム（ANSWER：automatic answer network system for electronic request，金融機関とオフィスを通信回線で結び，顧客への通知や顧客からの照会に応答，賃金の振込・振替サービスを音声応答装置などを使って自動的に行うネットワークサービス），CAFIS（credit and finance information system，クレジット情報システム）を経由した接続や，都銀・地銀などの業態別CMS（cash management service，資金移動・金融情報提供システム）センター，あるいはVAN（value added network）業者を使った接続などのさまざまな形態のものがある。

c）情報系システム/経営情報システム：ALM（asset and liability management，総合資産負債管理）システム，リスク管理システム，顧客管理システムなどがある。

第3次金融オンラインシステム以降に構築された各種サブシステムについて，以下で紹介する。

2.4.2 営業店システム

営業店システムは，営業店の窓口事務と後方事務を支援する情報システムであり，チャネル系システムに位置付けられる。**図2.21**に銀行営業店システムの構成を示す。

営業店での窓口業務は，預金の払出しや預入れなどのハイカウンター業務と，各種手続きや相談などのローカウンター業務に分かれる。まず，ハイカウンター業務については，ATMの整備により大幅な事務の削減が実現された。一方，ローカウンター業務についても，通帳記帳・発行機能と入出金機能をもつ窓口端末の導入により，これまでカウンター後方の別の銀行員により処理されていた通帳発行などの事務が大幅に削減され，窓口業務のいっそうの効率化が進んだ。

さらに近年は，顧客が記入した各種の伝票を窓口端末のスキャナでイメージデータ化し，図2.21にあるように，新たに設けられた集中センターに転送し，

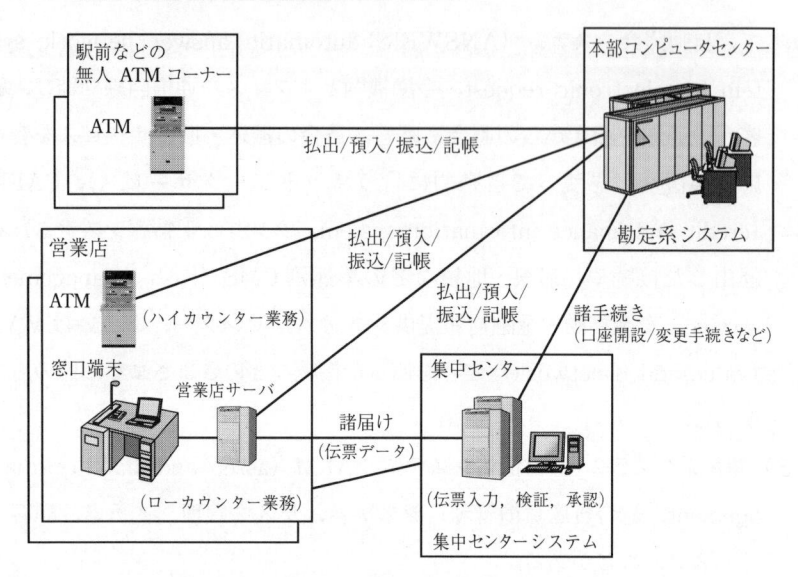

図 2.21 銀行営業店システム

集中センターで全営業店から送られた伝票データを一括処理する集中センターシステムが構築される事例が増えてきた。これにより，各営業店での事務の効率化や後方用人員の削減がさらに実現された。

2.4.3 サービスデリバリーチャネルの多様化

消費者行動の変化，金融商品の多様化に伴い，金融リテール業務（個人顧客向け）においても，顧客のニーズに対応して多様なサービスを展開することが求められている。一方，ネットワークやマルチメディア関連などの情報技術の発展に伴い，さまざまな機器，システムが利用可能となってきた。こうした技術を用いて，顧客ニーズに応えるサービスデリバリーチャネル（service delivery channel）の多様化と統合化が進められてきた。具体的には，ファームバンキングシステム，テレフォンバンキングシステム，インターネットバンキングシステムなどがある。

（1）**ファームバンキングシステム** ファームバンキング（firm banking）とは，銀行の支店を必要としない金融サービスの一つであり，金融機関

のコンピュータと企業のコンピュータや端末をネットワークで結び，残高照会や資金移動などのデータのやり取りを行うことをいう。企業側では，来店の手間を省き，資金の移動や経理事務の合理化などが推進できる。一方，金融機関側では，営業店の事務合理化を図ることができる。1996年からは，インターネットを用いた預金残高照会サービスや資金移動サービスが行われている。

ファームバンキングのサービス内容としては，通知連絡，照会，一括データ伝送，海外送金など多岐にわたっている。米国，欧州をはじめ，わが国でも，電子商取引の展開が推進されている。そこでは，取引に伴う資金決済がネットワーク上で行われる。こうした動きは，ファームバンキングの延長線上にあるとも考えられ，ファームバンキングで培われた運用ノウハウが活用されている。

(2) **テレフォンバンキングシステムとテレマーケティングシステム**　テレフォンバンキングとは，顧客が金融機関のコールセンターに電話をかけて，電話による残高照会や振込，振替などの資金移動を伴う金融取引の指図を行い，電話で取引を完結させるインバウンドサービス（顧客から金融機関へ接触を図る際のサービス）をいう。一方，テレマーケティングとは，金融機関が顧客に対して，コールセンターからの電話によって情報提供や商品の勧誘を行うアウトバウンドのサービス（金融機関から顧客へ接触を図る際のサービス）をいう。欧米では有力なデリバリーチャネルとしてすでに定着している。米国において電話で処理される金融取引は全体の15.5％であり，ATMの45.2％，窓口の20.6％についで3番目に重要なサービスチャネルになっている（US Bankers誌，1997年調査）。

テレフォンバンキングでは，顧客から電話を受けると，まず，音声応答装置が音声ガイダンスを開始する。口座番号，本人確認用パスワードなどの入力を受け付けて，本人確認を行う。つぎに，サービスメニューの音声ガイダンスを行い，残高照会，振込，振替，各種相談などのサービスを選択・指示してもらう。一方で，オペレータ端末の稼働状況を調べ，空いているオペレータに通話を転送して対応を引き継ぐ。オペレータ端末の画面には，該当顧客に関する情

報が表示され，これを見ながら顧客と電話で対応するものである．対応内容やホストアクセス履歴などは，順次，サービス履歴として登録される．

情報提供を行うとともに，会話の中から顧客ニーズを探り，さらにその顧客にとって最適な商品を案内し，取引後のフォローを行うなど，店舗機能のかなりの部分を代替するものになると考えられている．

（3） **インターネットバンキングシステム**　家庭やオフィスのPCから，インターネット経由で銀行などのサービスを利用することを，インターネットバンキングと呼ぶ．現在，ほとんどの銀行でインターネットバンキングのサービスが24時間提供されている．預金の残高照会，口座振込や振替など取引の指図，取引履歴の照会など，ATMで提供されるサービスと同等のサービスが利用可能になる．中には，複数口座の一括管理や電子メールによる相談受付など，インターネットの特徴を生かした独自のサービスまで実現している銀行も見られる．銀行側も，営業店窓口の維持管理にかかるコストを削減できることから，多くの銀行で導入に積極的であり，都市銀行・地方銀行のみならず，一部の信託銀行でもインターネットバンキングサービスを開始している．

図2.22にインターネットバンキングシステムの構成を示す．顧客がPCから銀行のインターネットバンキング用Webページにアクセスすると，インターネットバンキング用のサーバがWebサーバ経由でさまざまな取引サービスを提供するものである．インターネットバンキングサーバと勘定系システムとはゲートウェイ（gateway）と呼ばれるサーバ経由で接続される．ゲートウェイは，インターネットバンキングサーバからの取引メッセージが，あたかも営業店システムやATMからのものであるかのように，勘定系システムに見せかける役割を果たしている．このようにゲートウェイを設置することで，将来新しいサービスチャネルが追加される場合にも勘定系システム側に変更を加えずに済むようにしている．

顧客側が利用するソフトウェアで分類すると，銀行が提供する専用ソフトウェアを使用するものと，Webブラウザを使用するものの2種類がある．専用のソフトを使ったほうがセキュリティを高めやすく，操作性も向上させやす

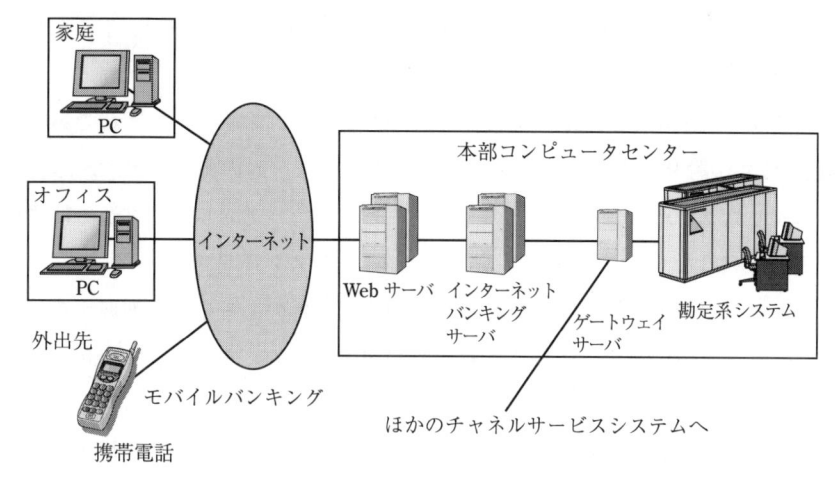

図 2.22 インターネットバンキングシステムの構成

い．しかし，自分の PC に新たにソフトウェアを導入することを敬遠する顧客が多いため，現在では，Web ブラウザのみで利用できるサービス提供が主流になってきた．

さらに現在では，インターネット接続機能をもった携帯電話が主流になってきており，携帯電話から利用できるインターネットバンキングであるモバイルバンキング（mobile banking）も実用化されている．

2.4.4 リスク管理システム

1998 年に入って「日本版金融ビッグバン」と呼ばれるわが国の金融改革が本格化した．現在，国際競争の中でわが国の金融機関が生き残っていくためには，リテール（個人向け）を中心に顧客ニーズを的確に把握し，魅力的な商品を開発するとともに，リスク管理を徹底していくことが不可欠となっている．

第 3 次金融オンラインシステム開発のねらいの一つとして，情報系システムの構築があった．勘定系システムをはじめとしたほかの情報システムで発生した取引データを蓄積するとともに，外部情報も取り入れて，加工・分析するシステムである．情報系システムは，勘定系システムに比べて，性能や信頼性は

さほど要求されないが，データをさまざまな角度から柔軟に分析することが求められる。

リスク管理システムは，金融業における代表的な情報系システムである。**図2.23**に金融リスク管理システムと顧客管理システムの概要を示す。銀行は自らがリスクを取って融資などの金融サービスを行っており，従来から他業種に比べて高度なリスク管理を行ってきている。リスク管理では

① リスク要因の把握：将来に損害を被る可能性のある事象を把握する。
② リスク量の測定，監視：それぞれの事象がどのくらいの確率で起き，起きた場合にどれだけの損害額になるかを定量的に評価し，被るかも知れない損害額があらかじめ定めたレベル以下に収まっているかを監視する。
③ リスクのコントロール：定めたレベルを超えていることが判明した場合，レベル以下に抑え込むために取るべき対策を決定し実行する。

というサイクルを繰り返し実施する。

金融リスク管理が対象とするおもなリスクには以下のものがある。

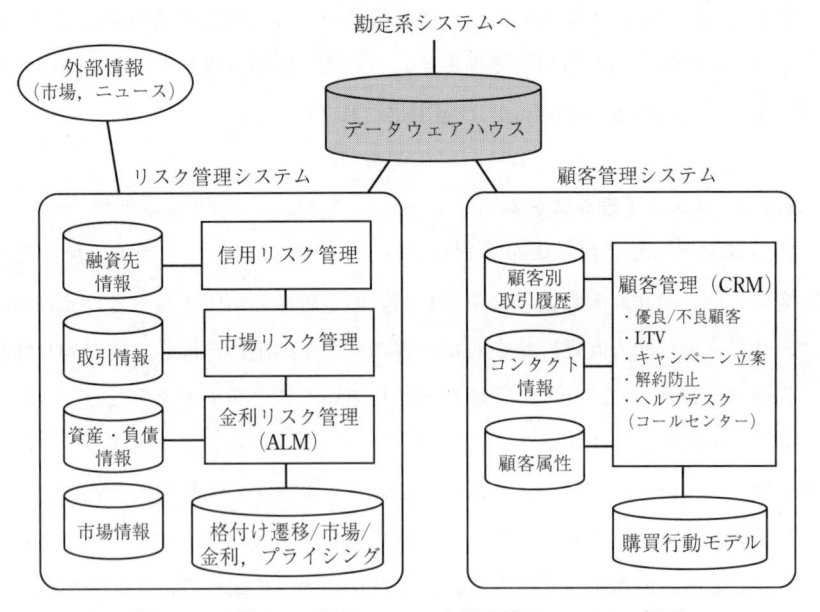

図2.23　金融リスク管理システムと顧客管理システムの概要

2.4 金融業情報システム

- 市場リスク：金利や為替レートの変動，株式の価格変動など
- 信用リスク：融資先の企業の倒産など
- 流動性リスク：保有する資産を現金化するまでに時間を要するリスク
- オペレーショナルリスク：事務ミスにより発生する事務リスクなどがあり，情報セキュリティと密接に関連している
- システムリスク：コンピュータシステムのトラブルにより発生するリスク
- 災害リスク：天災などにより設備や人員などが損なわれるリスク

このうち，市場リスクと信用リスクの管理が金融リスク管理の二本柱である．リスクを測定する代表的なメジャーとして，各種のリスクに利用できるバリューアットリスク（value at risk：VaR）が広く使われてきた．VaR は「一定期間，一定確率のもとで予想される最大損失額」である．信用リスクの場合では，一定期間後に融資先企業が倒産する確率を求め，ある確率の範囲で倒産が起こるものとして，そのときの最大損失額をリスク量と定義するのである．VaR を算出するには，広範囲かつ多量のデータを用いた大規模シミュレーションを行う必要があるので，大規模 DWH，高速なコンピュータシステム，そして優れた分析ソフトウェアが不可欠となってきている．

2.4.5 顧客管理

個々の顧客のことを十分に知り，それぞれの顧客が求めているであろうサービスを提供するための，マーケティング，商品開発，サービスにわたる統合された管理手法を顧客関係管理（CRM）と呼ぶ．金融業では，既存顧客とのより良い関係の構築を目指して，以下のような取組みが行われ，それらの実行を支援するための図 2.23 に示したような DWH や顧客管理システムが構築されてきた．

（1）顧客関連データの蓄積：顧客の属性についての詳細な項目のデータを取得・蓄積する．さらに，取引の履歴，コンタクトの履歴も顧客データとして蓄積し，顧客プロフィールに関するデータを充実させる．

（2）顧客セグメンテーション：蓄積した顧客プロフィールデータをデータ

マイニングなどの手法を用いて分析し，どのような顧客セグメントが存在するのかを発見する。

（3） 顧客生涯価値の算出：過去の取引から得た収益だけでなく，将来の取引で得られると期待できる収益をも総合した生涯価値（lifetime value：LTV），あるいは顧客の信用リスク量を算出することにより，優良顧客あるいは有望顧客の度合いを評価（スコアリング）する。

（4） キャンペーン管理：セグメントやスコア別に，顧客にどんな商品やサービスを設計・提案するか，どんなキャンペーンを実施するかの計画を立案する。キャンペーン計画に基づいて，顧客セグメント別にキャンペーンを実施し，実施後に効果を測定・評価する。

（5） コンタクト管理：セグメントやスコア別に顧客に最適なサービス，商品を提案・提供する。顧客と接触（コンタクト）する場合に，適切なチャネル（訪問，電話，電子メールなど）とタイミングを選ぶように全体をコントロールする。

このような取組みを統合することにより，銀行と顧客との取引のライフサイクルの各段階で，顧客との関係維持・強化を図っている。

2.4.6 情報システム再構築と情報システム共同利用の進展

第3次金融オンラインシステムは，表2.1に示したように，巨大な規模の情報システムである。構築された当時は，要求される高いレベルのオンライントランザクション処理性能と信頼性を達成するためには，大型コンピュータ（メインフレーム）を利用してシステムを構築する以外の選択肢はなかった。そして，**図2.24**に示すように，同じ大型コンピュータ上には，勘定系の機能だけでなく，会計や顧客管理の機能もあわせて実現されてきた。しかし，システム構築から15年以上が経過し，以下のような課題への対応が大きな問題となってきた。

（1） **新金融商品・新サービスへの対応**　金利の自由化などにより金融商品設計を独自に行うことが可能になりつつある中で，ほかとの差別化を図るた

2.4 金融業情報システム

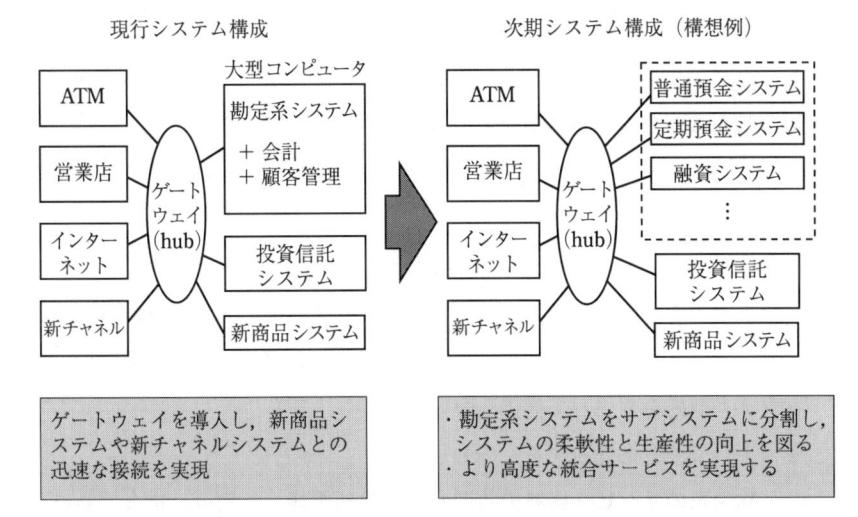

現行システム構成

- ATM / 営業店 / インターネット / 新チャネル → ゲートウェイ(hub) → 大型コンピュータ
  - 勘定系システム ＋会計 ＋顧客管理
  - 投資信託システム
  - 新商品システム

ゲートウェイを導入し，新商品システムや新チャネルシステムとの迅速な接続を実現

次期システム構成（構想例）

- ATM / 営業店 / インターネット / 新チャネル → ゲートウェイ(hub) →
  - 普通預金システム
  - 定期預金システム
  - 融資システム
  - ⋮
  - 投資信託システム
  - 新商品システム

・勘定系システムをサブシステムに分割し，システムの柔軟性と生産性の向上を図る
・より高度な統合サービスを実現する

図 2.24 都市銀行（メガバンク）のシステム化動向 ―基幹系システムの再構築

めに，預金期間や金利の面で従来にはなかった商品が提供され始めている。この傾向は，今後さらに拡大すると考えられる。これへの対応策として，勘定系などこれまで大型コンピュータ上に構築されたシステムにはなるべく手を加えずに，新商品サービスを提供するシステムを新たにオープンサーバ上に構築し，ゲートウェイを介して，勘定系やチャネル系システムと連携させることで対応を図ってきた。近年，銀行窓口での販売が解禁された投資信託のシステムもこれにあたる。

（2）情報システムの再構築 しかし，上記の対応には限界がある。顧客管理機能を高度化したい，あるいは単独の商品サービス提供にとどまらず複数の商品サービスを柔軟に組み合わせた新商品サービスを提供したい，といったニーズが生じてきた。これらのニーズに対応するには，大型コンピュータ上に作り込まれた勘定系の機能を商品・業務単位に細分化する必要がある。このような背景のもと，図 2.24 のように，大型コンピュータ上に構築された情報システムの機能を，機能別・商品サービス別に複数のサーバコンピュータ上に分割配置したシステムとして再構築する動きが始まっている。この動きは

・第 3 次金融オンラインシステムの維持管理に多額のコストがかかっている

こと。
- メーカーが大型コンピュータを将来にわたってサポートし続けるのかが不透明であると金融機関側が見ていること。
- 大型コンピュータでのシステム構築を行える技術者が減少しつつあること。
- 最新技術とオープンな仕様を採用したサーバコンピュータの性能と信頼性が高まってきたことや、コストパフォーマンスも高いと判断されること。
- オブジェクト指向のミドルウェアやプログラミング言語など、最新のソフトウェア技術を利用して構築したいこと。

などと相まって，今後加速するものと思われる。

(3) **勘定系のサービス機能の共同利用や外部委託**　預金，貸金，為替などの勘定系のサービス機能は，銀行にとって核といえる業務であるが，ほかの銀行との差別化戦略の対象となるものではない。そこで，図 2.25 に示すように，地域金融機関などを中心に，複数の金融機関が共同で勘定系システムを構築し，各金融機関は自行の営業店システムなどと結んで利用するという共同セ

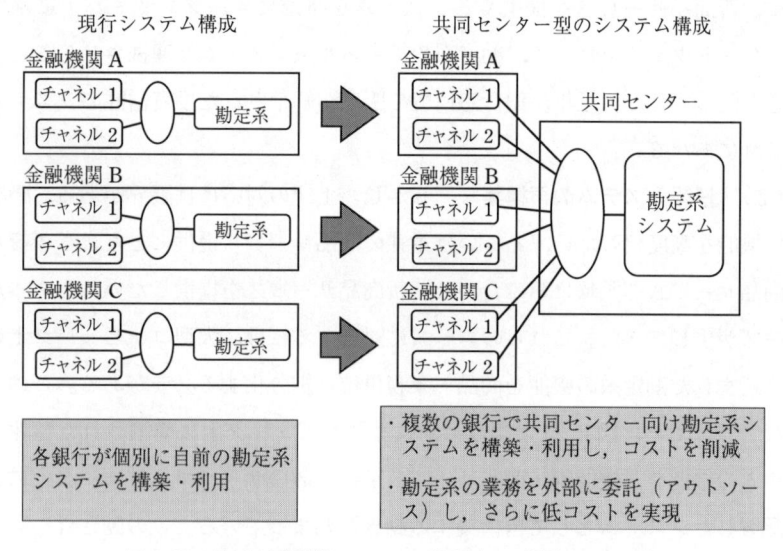

図 2.25　地域金融機関のシステム化動向 ―共同センター化

ンター化の動きが盛んになってきた。これにより，各金融機関では，システムの構築と利用のコストを大幅に削減することができる。都市銀行などでは，これをさらに進めて，保有する勘定系システム全体とシステム運用部門の人員をまとめてコンピュータメーカーなどに譲渡し，アウトソーシング契約を結ぶ事例も見られる。

2.5 仮想企業

　特定の目的のため，複数の企業がネットワークを介して密接に受注情報や設計情報などの情報を共有し，それぞれの得意分野を生かして企業群全体があたかも一つの企業のように振る舞うことを仮想企業あるいはバーチャルコーポレーション（virtual corporation）という。図 2.26 のように，企画，設計，製造，販売，物流などの企業活動のそれぞれの部分で特色のある企業どうしが対等の立場で連携を組むことにより，新分野への参入を容易にしたり，新製品の開発期間を短縮したり，コストを削減することなどを目的としている。製品ごとに，企業の組合せを変更することもできる。

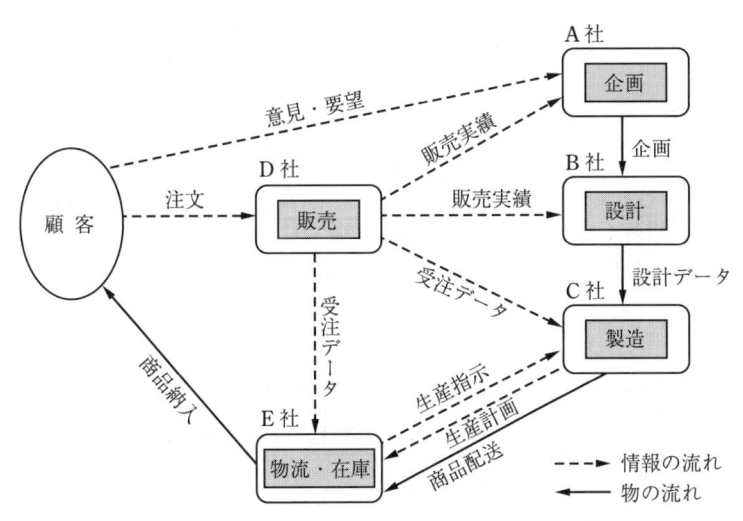

図 2.26　バーチャルコーポレーション（仮想企業）

仮想企業の例としては，PC のデルコンピュータやプレス金型用部品のカタログ販売のミスミなどが有名である。また，物流機能だけでなく，受発注業務の代行，生産管理業務の代行などを請け負うサードパーティロジスティクス (third party logistics：3 PL) 業者も一種の仮想企業のパートナーといえる。

中小の製造業による仮想工場の例を紹介する。(株) エヌシーネットワーク (NC ネットワーク) は，日本で初めての工場向けネットワークサービスをプロバイダー事業として開始した。インターネットの Web サイトを通じて，中小製造業のネットワークを構築し，ネットワークに参加している中小メーカーに代わってさまざまな情報発信を行っている。顧客（発注者）に各中小メーカーの製造情報を発信する工場検索サービス，顧客からの「こんなモノを作れる工場はないか？」といった加工先募集などの各種掲示板サービスなどである。現在，約 12 000 の金属プレスや金型加工の中小メーカーがネットワークに参加している。さらに，現在では，「加工事業部」という加工品発注システムを運用している。図 2.27 に示すように，顧客企業（会員登録が必要）の担当者から Web サイト上で加工して欲しいモノの図面を受け取ると，NC ネットワークの専門スタッフが顧客の要望に応えることができる協力工場群を選定す

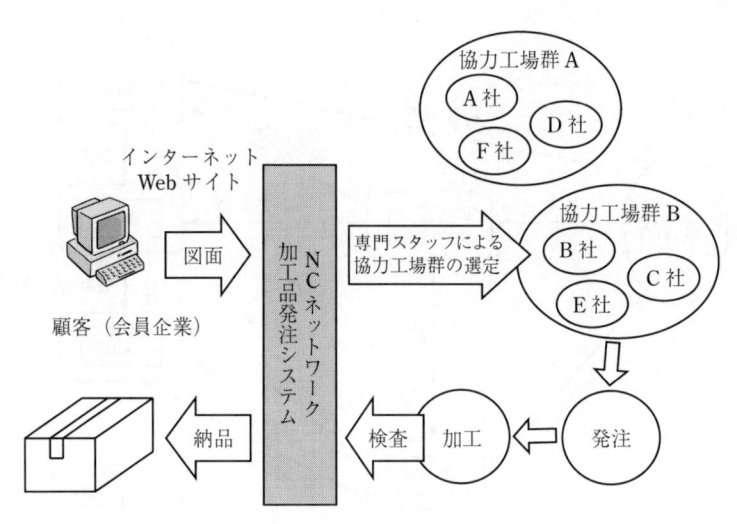

図 2.27 仮想工場の流れ（(株) エヌシーネットワークの例）

る。選ばれた協力工場群では加工を行い，NCネットワーク経由で検査された品が顧客に納品される，というしくみになっている．このように，会員企業からは，さまざまな加工要求に応えてくれる一つの工場のように見える．これまで大企業を頂点としたピラミッドの中で下請けをしてきた中小メーカーも，今後は，相互に連携することにより，ピラミッドの外でのビジネスも可能になる．

　仮想企業を実現するためには，通常は企業秘密になっている製品設計情報，受注情報，生産計画情報などをパートナー企業にリアルタイムに開示する必要がある．そのため，情報インフラとしての大容量ネットワークに接続された情報システムだけでなく，製品コード体系の統一，XML（extensible markup language）のような情報交換方式の標準化が不可欠である．

3

企業内での業務を支える共通的なシステム

　電子計算機の能力（計算速度，メモリ量）は1年半で性能が倍になるというムーアの法則に乗って飛躍的に伸び，生活のあらゆる場で利用されるようになっている．インターネットが急速に普及し，ほとんどの電子計算機がネットワークに接続されるようになり，組織や業務形態に大きな変化をもたらしている．この章では，その代表的なシステムとして，ワークフロー管理システムとテレワークについて解説する．

3.1　ワークフロー管理システム

　企業で仕事をする場合，一人だけで仕事をすることはまれで，たいていはグループで協力して仕事を行う．そのようなグループで行う仕事をパソコンネットワーク環境上で支援する情報システムを，広くグループウェア（groupware）という．電子メールシステム，電子掲示板，スケジュール管理システム，会議室予約システムなどの比較的簡単なものから，事務書類の回覧をネットワーク上で実現するワークフロー管理システム，グループ員がもっているノウハウを収納・活用するための知識管理システムなどが含まれる．イントラネット，グループウェアによる情報共有の内容は，社内の業務連絡，全社共有情報，部門発信情報といった掲示板的な使われ方が中心である．

　グループウェアの代表的なものとして，電子化された書類の流れを自動化することで，複数の部署，担当者にまたがる一連の事務処理を自動化するワークフロー管理（workflow management）システム（単に，ワークフローシステムと呼ぶことも多いが，ここでは，ワークフロー管理システムで構築したワー

3.1 ワークフロー管理システム

クフロー業務システムをワークフローシステムと呼ぶ）がある。

ワークフロー関連製品の標準化を目的として1993年に設立されたワークフロー管理連合（Workflow Management Coalition：WfMC）は，ワークフローを

「ビジネスプロセス全体あるいはその一部の自動化であり，これによって文書・情報・タスクが，手続き規則に従って，担当者から担当者へ引き継がれる」と定義している。なお，ビジネスプロセスとは，購買業務，受注業務，出張旅費精算業務などのひとかたまりの業務を実行するための一連の作業のつながりである。

例として，出張関係の業務のワークフローを**図 3.1**に示す。出張予定者が起票した出張申請書は，上長に提出されその承認を受けて，総務課にチケット確保依頼が出る。もし，不都合があって上長のところで承認が得られない場合は，出張予定者のところに戻される。また，チケットが確保できない場合も，出張予定者のところに代替便の問合せなどの連絡がくる。

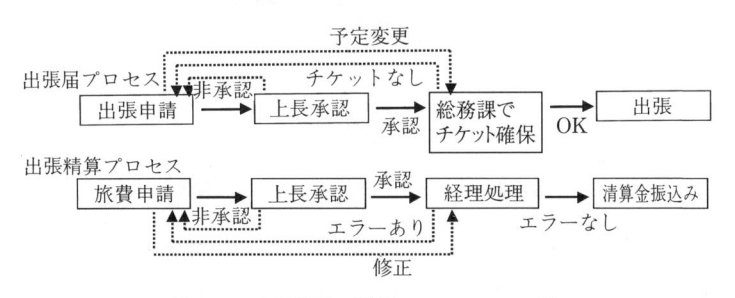

図 3.1 出張関係の業務のワークフロー例

このようなワークフローは，従来，出張申請書のような書類の回覧や電話連絡などの形で実行されていた。書類や口頭での連絡内容を，ディスプレイ上で閲覧，入力が可能なフォーマットとして電子ファイル化し，LANなどの電子計算機ネットワークを介して，あらかじめ定義されている部署あるいは人のところに送るシステムが，ワークフロー管理システムである。国内外のベンダーから，多くの製品が提供されている。

3. 企業内での業務を支える共通的なシステム

WfMC によるワークフロー管理システムの定義は

「一つまたは複数のワークフローエンジンの上で動作するソフトウェアにより実行されるワークフローを定義し，生成し，管理するシステムである．それは，プロセス定義データを解釈し，ワークフローの担当者と相互作用し，必要に応じてアプリケーションを起動する．同時に，ワークフローの実行を監視し，その履歴を記録する．」

となっている．

ワークフロー管理システムの基本的な機能を，図 3.2 を用いて説明する．

```
機能：(1) プロセスの定義       (2) プロセスの実行
      (3) 実行状況の管理・監視  (4) 実行結果の記録
```

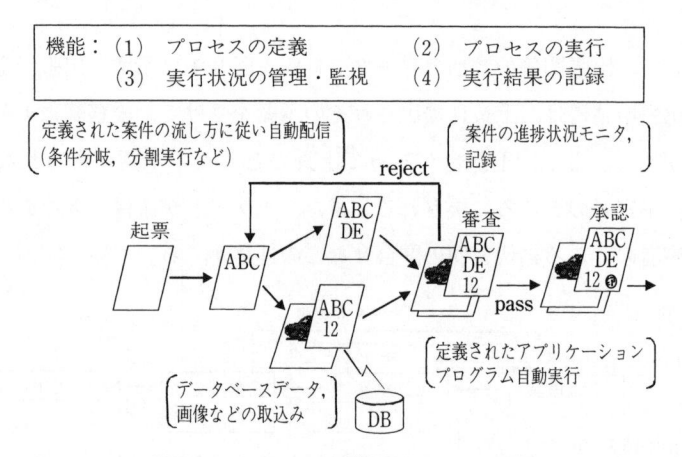

図 3.2 ワークフロー管理システムの機能

(1) ワークフロー（プロセスと呼ぶこともある）**の定義**　ワークアイテム（案件・文書などの作業単位）の流し方（ビジネスプロセス，業務プロセス）については，図 3.3 に示すようなノードとアークで表現するグラフ的な記述が普通である．図 3.3 のプロセス記述で使用しているノードの表現は WfMC で規定しているものである．アクティビティノードでは，担当者やプログラムにより案件に処理が行われる．また，制御ノードは案件の流し方を制御するためのものである．実際のワークフロー管理システムでは，図 3.4 に示すようなものを専用の GUI を用いて定義する．これに，詳細な条件，自動的に実行すべき処理（DB からのデータの読込みなど），担当者が見る画面表示

3.1 ワークフロー管理システム 69

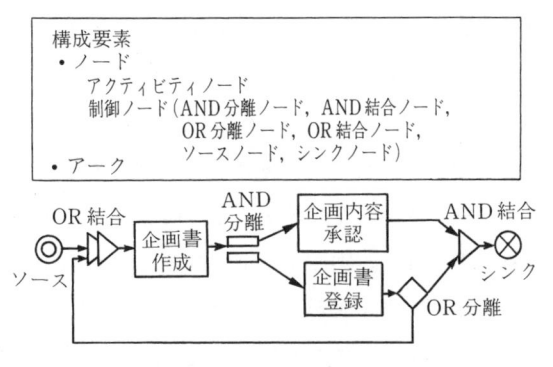

```
構成要素
 ・ノード
    アクティビティノード
    制御ノード（AND 分離ノード，AND 結合ノード，
              OR 分離ノード，OR 結合ノード，
              ソースノード，シンクノード）
 ・アーク
```

図 3.3 ビジネスプロセス

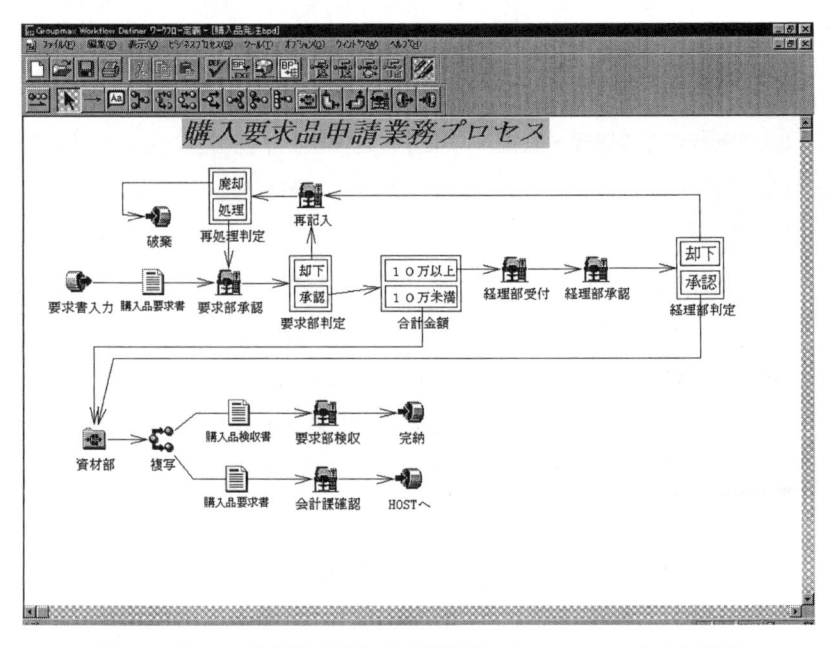

図 3.4 プロセス定義例（(株) 日立製作所の Groupmax による定義例）

プログラム名などが付加情報として定義される。また，だれがどの業務を実行できるかを示した組織/役割データを定義する。これにより，人事異動によって業務の担当者が変更になっても組織/役割データを変更するだけで，アクティビティの流し方を変更することなく対処することができる。

（2） プロセスの実行　案件が担当者により起票されると，ワークフローエンジン（ワークフロー管理システムの実行システム）が，プロセス定義に従って自動的に配信を行う．同一の案件を複数の担当者に同時に送ったり，審査結果（pass/reject）などの条件により配信先を変更したりすることができる．担当者がワークフローシステムを起動すると，自分のところに来ている案件のリストが表示され処理を促す．案件を指定するとその案件の種類によって対応する画面レイアウトにデータが表示され，データを入力したり，確認・承認したり閲覧したりといった指定の作業を行う．また，自動的に指定されているプログラムを実行したり，基幹システムや自分が作成した別のファイルからデータを取り込んだりすることができる．なお，セキュリティ確保のために，利用者認証やデータの暗号化，改ざん防止などの対策がとられる．

（3） 実行状況の管理・監視　案件の進捗状況や担当者ごとの案件の滞留状況などの実行状況は，モニターにより知ることができる．見ることができる範囲は，権限によって変えることができる．

（4） 実行結果の記録　案件ごとに，いつ起票されてどのような時間経過で処理が行われたかが記録される．このデータを分析することにより，ビジネスプロセスの改善や部署ごとの作業負荷・効率の評価などが行える．

ワークフローシステムの導入による効果は，**表 3.1** のようにまとめることができる．以下，順を追って説明する．

表 3.1　ワークフローシステム導入による効果

業務プロセスの改善	・業務プロセスの明確化　・作業の標準化 ・シミュレーションによる評価 ・実績データ分析による継続的業務プロセス見直しサイクル
処理時間の短縮	・案件受渡しの自動化　・並列作業時の動的割当て
作業の効率化	・作業の自動化・機械化　・同一データの再入力の削減 ・必要書類の添付による書類検索時間の削減
作業品質の向上	・紛失や誤送付の防止　・帳票記入ミスの削減
管理品質の向上	・進捗状況の把握　・全体作業量の把握　・個々の担当者の作業量，作業効率などの把握　・滞留箇所，遅延要素摘出
ペーパレス化	・物流・保管コストの削減　・帳票管理コストの削減

（a） **業務プロセスの改善**　ワークフローシステムを導入するためには，業務プロセスを把握することがまず必要である。このため，必然的に業務プロセスが明確になる。また，システム導入を機会に，業務プロセスを見直すことも多い。すなわち，ビジネスプロセスリエンジニアリング（BPR）が行われる。BPR は，1990 年代初めに米国でハマー（M. Hammer）らによって提唱された手法である。「原価低減，品質・サービスの向上，スピードアップなどを，最新の情報技術を活用して劇的に達成するため，業務プロセスを根本的に再考し徹底的に再設計して改革すること」と定義される。

BPR 用のパッケージはないが，BPR の定義からわかるように，ワークフロー管理システムは BPR を推進するツールになり得る。また，ワークフロー管理システムは業務プロセスの再定義が容易であるし，付随しているシミュレーション機能により，プロセス改革案の事前評価も容易になる。ワークフローシステム導入による業務改革の特徴を**表 3.2** に示す。

表 3.2　ワークフローシステム導入による業務改革

	従来型業務改革	ワークフロー導入型業務改革
目　的	合理化・能率化 受動的環境適応	顧客満足度，競合力向上 能動的環境適応
対　象	現行の業務処理プロセス	ビジネスフローとしての業務プロセス
単　位	部門単位	組織全体
情報システムとの関係	改革後に情報システム設計 情報処理と業務を分離	情報システムを前提とした改革 情報処理と業務を統合
改革の視点	直列処理ベース 集中処理ベース	並列・直列処理ベース 分散・集中処理ベース

（b）　**処理時間の短縮**　紙ベースの事務処理では，書類を受け渡す時間がその大半である。ワークフロー化により，その時間がゼロになる。このため，処理のターンアラウンド時間は大幅に短縮される。また，複数の担当者のだれかが処理すればよい場合，担当者の負荷に応じて，案件を動的に割り当てることも可能である。

（c）　**作業の効率化**　処理ルールが決まっている定型的な処理は，プログ

ラムを自動起動することにより，自動化が可能である。また，同じデータは書式が変更になっても利用できるので，書式ごとに同一データを再入力するという無駄もなくなる。さらに，判断などに必要な情報を添付ファイルという形で付けることにより，資料収集や判断にかかる時間を削減できる。

（d）**作業品質の向上**　紙ベースの処理では紙の紛失や誤送付が起こる可能性があるが，ワークフローシステムではシステムがすべての案件を一元的に管理しており，このようなことは起こらない。また，紙ベースの帳票では書式選定ミスや記入ミスが起こりやすく，手戻りが発生しやすいが，画面フォーマットの入力欄に適当なエラーチェック機能を付けておくことにより防止することができる。

（e）**管理品質の向上**　案件が滞留している箇所が一目でわかるので，催促など必要な処理がとれるようになる。また，全体の作業量，個々の担当者の作業量や作業効率などを定量的に把握できる。

（f）**ペーパレス化**　帳票が電子化されるので，書類を搬送・保管しておくコスト，スペースが大幅に削減される。

図3.5に，導入効果の一例を示す。

	プロセス			合計
	出張届	旅費精算	支払い	
工数削減	450h/月	370h/月	70h/月	890h/月

伝票精度	89%	（伝票記入誤り件数の削減率）

	従来	ワークフロー化	削減日数
旅費精算日数	15日	3日	12日

図3.5　導入効果の一例

ワークフローシステムの構築では，従来のアプリケーションシステム構築における機能とデータという設計観点に加えて，ビジネスプロセス（業務プロセス）という観点が重要である。なお，ここでの機能は，アクティビティノードでの画面や処理に関するものである。また，データは既存システムからの情報参照や既存システムへの作業結果の受渡しを目的とする二次ファイルが主体と

3.1 ワークフロー管理システム　73

なる。ワークフローシステム構築手順は，図3.6に示すように，業務設計，システム設計，実装という三つのフェーズからなる。各フェーズごとに，業務プロセス，機能，データの三つの観点から設計を行う。

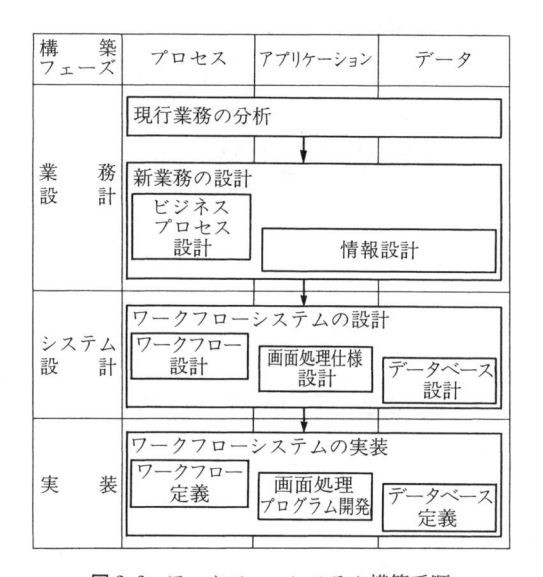

構築フェーズ	プロセス	アプリケーション	データ
業務設計	現行業務の分析		
	新業務の設計		
	ビジネスプロセス設計	情報設計	
システム設計	ワークフローシステムの設計		
	ワークフロー設計	画面処理仕様設計	データベース設計
実装	ワークフローシステムの実装		
	ワークフロー定義	画面処理プログラム開発	データベース定義

図 3.6　ワークフローシステム構築手順

　業務設計フェーズでは，現行業務プロセスの分析と，その結果に基づく新業務プロセスの設計を行う。システム設計フェーズでは，ワークフロー管理システムでプロセス定義すべき情報の設計，各アクティビティで起動する画面処理プログラムの処理仕様の設計，画面処理プログラムで利用するデータを格納するためのデータベースの設計を行う。実装フェーズでは，先の設計結果に基づき，定義ツールを用いて，ワークフロー定義，画面処理プログラム開発，データベース定義を行う。

　ワークフローシステムの開発工数の例を図3.7に示す。各フェーズの工数は，ほぼ1/3であるが，実装フェーズが少し多い。工数削減のために，分析・設計ツールや実装支援ツールの開発や，画面処理プログラムの共通ライブラリー化や仕様の共通化が進められている。また，このようなワークフローシステムの構築においては，将来のプロセス変更に対して容易に対応できるような工

対象業種	業務設計	システム設計	実装
金融	18.0	12.0 (36 %)	20.0
印刷	6.0	3.0 (40 %)	6.0
サービス	8.0	10.0 (21 %)	20.0

（単位：人月）

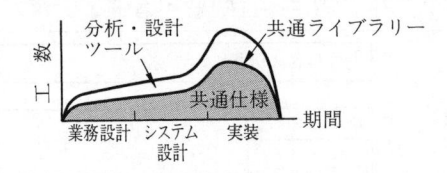

図 3.7 ワークフローシステムの開発工数の例

夫が重要である。

3.2 テレワーク

　移動体通信を用いて，オフィス以外の場所でオフィスにいるのと同じように仕事を行う新しい勤務形態をテレワーク（telework）と呼ぶ．高速の専用回線で都心のオフィスと接続された郊外のサテライトオフィスを使うオフィス型，自宅で勤務する在宅勤務型，移動先から携帯電話などでオフィスと接続するモバイル型がある（**図 3.8**）．後者の二つは，SOHO (small office home office) と呼ばれることもある．サテライトオフィスには，主として通勤時間の短縮をねらった職住近接型オフィス，顧客へのアクセス時間の短縮をねらった顧客近接型オフィス，リゾート地でリフレッシュしながら創造的な仕事をしてもらおうというリゾート型オフィスなどがある．郵政省（現総務省）は 1994 年からテレワークセンター施設整備事業を進め，積極的に支援している．また，1999 年に日本テレワーク学会が発足している．

　日本サテライトオフィス協会（2000 年 4 月に日本テレワーク協会に名称変更）では，「テレワーク」をつぎのように定義している．

　「本来勤めるべき場所として割り当てられたヘッドオフィスがありながらも，毎日そこに通勤するかわりに，定期的あるいは不定期に自宅やサテライトオフ

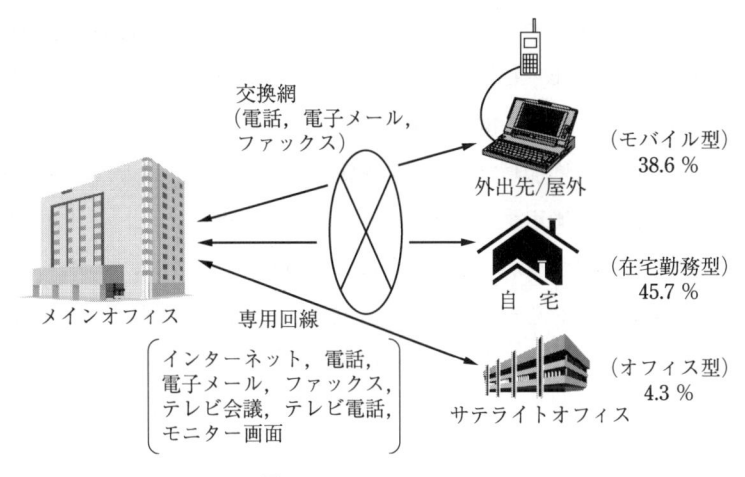

図 3.8 テレワーク

ィス等で勤務すること」

また，国土交通省は，「情報通信技術を利用した場所・時間にとらわれない働き方」と定義している。

日本で最初のサテライトオフィス実験は，1984〜1990年，NTTが三鷹市で行ったINS実験に参加したソフトウェア開発を業務とするNECの吉祥寺C&Cサテライトオフィス実験である。その後，多くのサテライトオフィスが開設されている。富士ゼロックスは1989年に開設した武蔵野コミュニティオフィスを皮切りに，1993年に新百合ヶ丘サテライトオフィス，1996年に大宮サテライトオフィスと横浜サテライトオフィス，と東京郊外に積極的にサテライトオフィスを展開しており，1998年時点で合計6か所（120人分のスペース，約80人が勤務）になっている。そのほか，常勤の勤務者はいないが，会議室やPCなどが利用できる勤務環境のみを備えたスポットオフィスを12か所展開している。

また，リゾート型オフィス実験としては，熊本リゾートオフィス実験（1988年9〜11月），安曇野リゾートオフィス実験（1989〜1990年），ニセコリゾートオフィス実験（1989年10月〜1990年9月），兵庫県テレワークビレッジ実験（1991年9〜12月）などがあるが，実用化には至っていない。

3. 企業内での業務を支える共通的なシステム

サテライトオフィスでの業務は，文書作成や企画書などの資料作成が多い。また，図3.9に示すように，テレワーク時のヘッドオフィスへの連絡/報告に利用しているメディアは，電話（携帯電話，PHSを含む）が第1位であるが，電子メールが急激に増加しファックスを抜く勢いである。最近は，外回りが多い営業担当の社員に適用することが多く，営業担当者にノートパソコンを配布して外出先や自宅で仕事ができるようにしている。このため，サテライトオフィスなどでテレワークを実現するため，電子メール，ネットワーク化された社内情報共有システム，会議室や机などの施設予約システム，スケジュール共有システム，テレビ会議システム，テレビ電話システムなどが必要である。

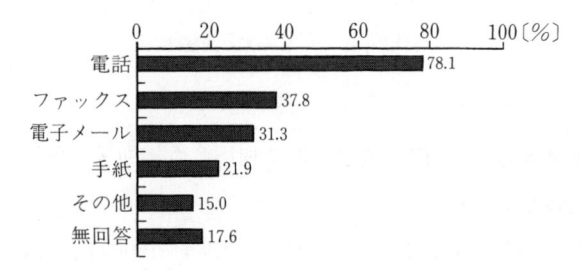

```
        0    20    40    60    80   100 [%]
電話                              78.1
ファックス       37.8
電子メール      31.3
手紙       21.9
その他    15.0
無回答    17.6
```

図 3.9 テレワーク時の連絡に利用されるメディア
〔出典：日本サテライトオフィス協会「日本のテレワーク人口調査研究報告書（平成 8 年度版）」〕

テレワーク人口は，米国では 1 000 万人を超すといわれているが，日本では 2002 年に週 8 時間以上のテレワークを行っている定期型テレワーク人口は図 3.10 に示すように 408 万人（日本のホワイトカラー正社員の 7 ％強）である。政府は，2003 年決定の e-Japan 戦略 II の目標の一つとして，「2010 年には就業者数の 20 ％（約 1 300 万人）がテレワーカーになる」という目標を掲げて，民間企業だけでなく行政機関でもテレワークの実施を検討している。

テレワークにより，通勤時間が大幅に短縮するため，実質的な勤務拘束時間が短縮し，自由時間が増加する。このため，勤労者にとっては，生産性の向上，通勤疲労の解消，家族との団らんの増加，地域との交流の増加，家事・育児時間の増加などの効果がある。図 3.11 に示す 2003 年の国土交通省によるテ

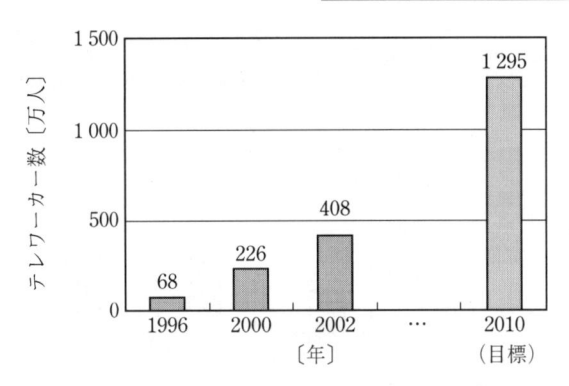

図 3.10 日本の定期型テレワーク人口の推移

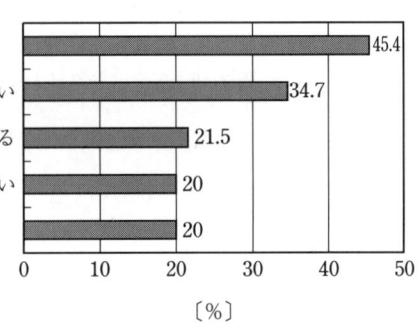

図 3.11 テレワークの効果〔出典：国土交通省「テレワーク・SOHO の推進による地域活性化のための総合的支援方策検討調査」(平成 15 年 3 月)〕

レワークの効果に関する調査結果からもこれらの効果が裏付けられる。積極的にサテライトオフィスを展開している富士ゼロックスの報告では，80％の従業員が「仕事の成果が増加した」と考えており，彼らの上司の 85％ も同様の評価をしている。また，米国 AT&T 社のテレワーカーに対する調査結果でも，75％ が「生産性の向上」，74％ が「仕事と家庭のバランスがとれている」と回答している。

　企業サイドにおいても，オフィスコスト，通勤コスト，移動コスト，人件費などの間接コストを相対的に削減することが可能である。国土交通省の試算では，図 3.12 に示すようにテレワーク実施のための IT 投資額をオフィスコストの削減により 2 年程度で償却できるとしている。また，コスト削減以外に

3. 企業内での業務を支える共通的なシステム

従業員100人程度の企業で30人がテレワーカーとして働き，フリーアドレスレイアウトで10人分のオフィススペースを削減した場合

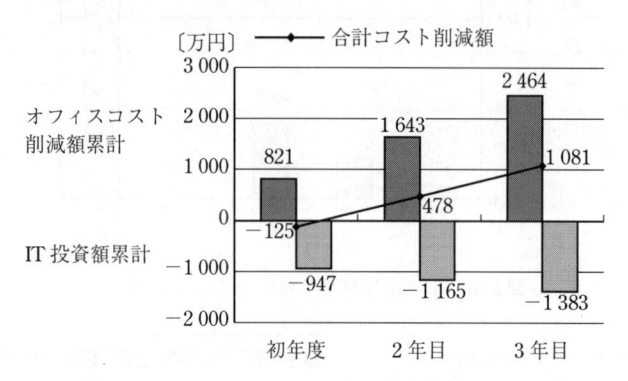

〔万円〕
オフィスコスト削減額累計／IT投資額累計

	初年度	2年目	3年目
オフィスコスト削減額累計	821	1 643	2 464
合計コスト削減額	−125	478	1 081
IT投資額累計	−947	−1 165	−1 383

図 3.12　テレワークによるコスト増減モデルケース

も，優秀な人材の確保，営業回数や時間の増加による営業効率の向上や顧客満足度の向上，仕事内容の明確化，企業イメージの向上などの効果が期待できる。

社会的にも，通勤による移動量の削減により，交通混雑の緩和，公害の軽減，CO_2 の削減に寄与するほか，雇用創出，交流人口の増加などによる地域の活性化，個人起業家の育成などによる新規市場の創出にも寄与すると期待される。子育て，介護，障害などのため勤務地や勤務時間に制約がある人でも，勤務することができる。また，地理的に離れた人を集めたプロジェクトも可能になる。その反面，裁量労働制やフレックスワークなどの新しいワークスタイルになるため，管理や評価が難しいという問題もある。また，テレワークが続くと組織からの疎外感を感じる人もいるため，メインオフィスの様子をテレビでサテライトオフィスに中継する場合もある。

4

情報システムの費用

　情報システムにかかる費用は，コンピュータのハードウェアやソフトウェアを購入する費用だけではない。本章では，情報システムを保持，利用するのにかかる費用を説明するとともに，その費用を削減するための方策について述べる。

4.1　TCOの考え方

4.1.1　TCOの定義

　1990年代に，クライアント・サーバシステムが急速に普及し始めたころ，米国大手の調査会社ガートナーグループが一つの分析結果を発表した。汎用機と端末装置の組合せによる情報システムとクライアント・サーバシステムの費用を比較したとき，後者のほうが1.7倍も高額であるという。この結果は，多くの人々に驚きを与えた。なぜなら，コンピュータのハードウェア，ソフトウェアを購入するのに必要な費用は前者のほうが高額であり，当時，システム導入費用の安さがクライアント・サーバシステムのセールストークの一つであったからである。

　このとき，ガートナーグループが提唱したのがTCO（total cost of ownership）という考え方である。日本語に直訳すると，「総合的な保有の費用」となる。情報システムの計画立案から，実際に導入し，利用して，最終的に滅却するまでのライフサイクルを通じて発生するすべての費用を合計したものである。

80　　4.　情報システムの費用

　情報システムの費用を考えるとき，コンピュータのハードウェアやソフトウェアを購入する費用だけに注目しがちである．しかし，情報システムのライフサイクル全体で考えると，導入した情報システムを維持・運用していく費用や，利用するためにかかる費用がそれ以上に大きい．しかも，そのような費用の多くが，必ずしも情報システムのための費用として予算化されておらず，「隠れた費用」になっている．

　こうした背景から，企業活動全体を通じて情報システムにかかる費用を把握するうえで，TCO の考え方は非常に重要になっている．

4.1.2　TCO の構成要素

　TCO の構成要素や分類方法については，世界的な標準が定められているわけではない．各機関によって多様な定義がなされている．ここでは，表 4.1 に示した網羅的なモデルを例に，構成要素を説明する．

表 4.1　TCO モデル例

要　素	おもな内訳	予算化
資　産	情報システムのハードウェア，ソフトウェアの購入費，リース料	○
管　理	情報システムの計画立案，システム管理，資産管理，セキュリティ管理などに必要な人件費	○
開　発	新規開発，既存プログラム変更などの費用	○
通　信	専用線利用料，外部オンラインアクセス料など	一部○
エンドユーザーサポート	ヘルプデスク，技術サポート，教育，障害対応などに要する人件費	一部○
エンドユーザー処理	ユーザー自身や同僚のサポート，遊び時間，操作習熟などに要する費用	×
機会損失	計画ダウン，システム障害による機会損失	×

（1）資　産　情報システムのハードウェア，ソフトウェアなどの購入費用やリース料である．ハードウェアには，サーバやパソコンなどのコンピュータ機器だけでなく，プリンタやネットワーク機器などの周辺機器も含まれる．また，ソフトウェアには，基本ソフトウェア，ミドルウェア，応用ソフトウェアすべてが含まれる．これらの費用は，情報システムを導入する際の予算

に含まれており，TCO という考え方が生まれる以前から管理されていた項目である．

（2）管　　理　　情報システムの計画立案，システム管理，資産管理，セキュリティ管理といった情報システムに関するさまざまな管理業務にかかる費用である．これらの管理業務を自社の従業員が行っている場合は，その人件費に相当する．外部の業者に作業委託（アウトソーシング）している場合は，そのサービス費用になる．このように，会計上の費目は状況によって異なるが，いずれにしても，情報システムの予算に含まれている．

（3）開　　発　　情報システムを開発するのに必要な費用である．その大半は，ソフトウェアの開発費用である．これには，新規システムの開発だけでなく，既存システムの変更や拡張も含まれる．管理費用と同様に，自社社員が作業している場合にはその人件費，外部委託している場合はそのサービス費用が対応する．

（4）通　　信　　情報システム間のデータ通信にかかわる費用である．これには，電気通信事業者が管理している WAN の利用料や，インターネットサービスなどの外部のオンラインを利用する際のアクセス料などが含まれる．一般には，これらの通信費用すべてが情報システムの予算として管理されているとは限らない．例えば，ノートパソコンや携帯電話の普及によって，社外から公衆回線を利用して社内の情報システムにアクセスすることが一般的になっているが，このときの通信費用は，情報システム費用ではなく，電話料金として管理されていることが一般的である．

（5）エンドユーザーサポート　　情報システムの専門家がエンドユーザー（情報システムの利用者）を支援する業務にかかる費用である．具体的には，エンドユーザーからの情報システムに関する質問を受け付けるヘルプデスクと呼ばれる窓口対応，エンドユーザーに対する教育，情報システムの障害対応などの業務がある．

これらの支援業務を，情報システム部のスタッフや外部委託者が実施している場合は，情報システムの予算に組み込まれていることが多い．しかし，事業

部や営業所などの各部門に，システムアドミニストレータと呼ばれる情報システムの専門スタッフが存在している場合，彼らの人件費は情報システム費用として認識されていないケースも多い。

（6） **エンドユーザー処理**　エンドユーザーが本来業務以外に，情報システムの利用に関して行っているさまざまな作業にかかる費用である。具体的には，同僚に対して情報システムの使い方を説明してあげたり，情報システムに関する教育を受講したり，自分で簡単なプログラムを開発するといった作業がある。これらの作業を実施している間，エンドユーザーは自分の本来の業務を行えないので，その作業時間分の人件費が情報システム費用として費やされているという考え方である。

この費用は，予算化されていないうえに，エンドユーザー自身もあまり意識していない「隠れた費用」であるが，後述するように，その金額が大きく，TCOの最も特徴的な要素である。

（7） **機会損失**　障害や保守作業のために情報システムが停止したときの機会損失の費用である。具体的には，エンドユーザーが情報システムを利用できないために，業務が中断してしまった時間を人件費換算する。さらには，顧客へサービスを提供できないことによる売上げや顧客満足度の低下など，ビジネス上の影響まで含む場合もある。これらの費用も予算化はされていない。

4.1.3　TCOの現状

図4.1に，TCOコンソーシアムというTCO普及団体が1999年に実施したTCO測定調査の結果を示す。これは，調査に応じた国内49社の平均である。なお，この調査で使用したモデルは，先に説明したモデルとは若干異なっており，開発，通信，機会損失の費用は含まれていない。

この調査結果からもわかるように，エンドユーザー処理がTCO全体の大部分を占めている。従業員一人ひとりに一台ずつのパソコンが行きわたるようになり，情報システムがあらゆる企業活動に不可欠な道具になっている。このような現状では，従来，情報システム部門という専門家集団が行っていた作業

4.2 TCOの測定方法　　83

資産　17％
管理　2％
エンドユーザー処理　72％
エンドユーザーサポート　9％

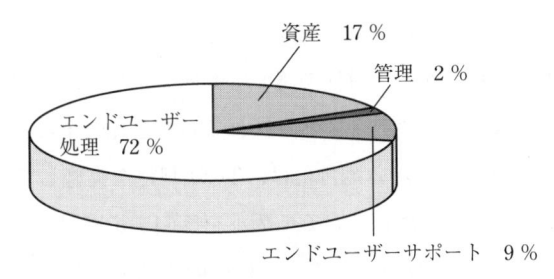

図 4.1　TCO 測定調査の結果〔出典：TCO コンソーシアム「TCO 測定調査に関する結果報告書」1999 年 7 月〕

を，エンドユーザーが代わりに実行する機会はますます増えている。情報システムの費用を TCO という考え方で管理する必要性がこのような現状からも読み取れる。

4.2　TCO の測定方法

4.2.1　測定目的に応じた TCO モデル

　TCO を測定しても情報システムにまつわる問題は解決しない。しかし，TCO 測定は情報システムのあるべき姿を考える第一歩である。その意味で，TCO を測定する場合に最も重要なことは，その測定目的に応じて TCO モデルも柔軟に変えることである。以下に，代表的なケースを三つ紹介する。

　（1）**効 果 算 出**　　情報システムの費用を削減するという課題に対してその対策がある程度明確であるときに，その削減効果に関して定量的な裏付けが欲しいようなケースでは，4.1 節で説明した項目をすべて測定する必要はない。改善しようとしているポイントに絞ったオリジナルモデルを構築することが望ましい。

　（2）**継続的な改善活動**　　継続的な企業の業務改善活動の一環としてTCO を活用する場合には，経年変化を把握できるように，モデルを固定して，健康診断のように毎年同じモデルで測定することが必要である。このようなケースでは，4.1 節で説明した網羅的なモデルをベースに，自社の事情に合わせ

て多少のカスタマイズをすることが有効である。

（3） **ベンチマーキング**　自社の属する業界の平均や，業界でトップの取組みをしているベストプラクティスと呼ばれる企業と比較することによって，自社の強みや弱みを見極めたい場合には，TCO 測定を実施している調査機関やサービスプロバイダが採用しているモデルをそのまま適用することになる。4.1.3 項で紹介した調査で使用したモデルはその典型例である。

4.2.2　資産費用の測定方法

基本的には，情報システムを構成する各コンポーネントを一つひとつ棚卸しする。すなわち，ハードウェア，ソフトウェアの一つひとつについて，その取得費用を調査する。通常は，資産管理台帳やリース，レンタル，ライセンスの契約書などを精査する。

しかし，これらの文書が整備されておらず，十分な資産管理が行われていない場合には，一品目ずつ棚卸しを実施するのでは測定の手間がかかりすぎる。このようなケースでは，「汎用機」「サーバ」「パソコン」といった大まかな分類別に，おおよその台数とその平均単価だけを求めて，概算値を算出することで対処することも多い。

4.2.3　管理，エンドユーザーサポート費用の測定方法

第一に，情報システム部門のスタッフの活動調査を行う。1.5 節で説明したように，情報システムの業務は多岐にわたる。情報システム部員の各人が，これらの作業に費やしている時間を測定する。通常は，業務ごとに 1 か月間の合計作業時間を求める。そして，この合計時間に人件費単価を掛け合わせることによって，各業務にかかった費用を算出する。これは，活動基準原価計算（ABC）の考え方をベースにしている。

第二に，これらの業務を外部に委託している部分については，その委託業務内容別に，サービス委託費用を分類，集計する。もし，委託業務が多岐にわたり，委託先からの派遣者が自社の社員と同様にさまざまな業務を行っている場

合には，派遣者に対しても，情報システム部員と同様の活動調査を行うことになる。

4.2.4 エンドユーザー処理費用の測定方法

まず，エンドユーザーに対するアンケート調査を行う。表4.2に，一般的なエンドユーザー処理費用の内訳を示す。これらの項目ごとに，各エンドユーザーがどの程度の時間を割いているかを調査する。調査票の例を図4.2に示す。

アンケート調査は，全エンドユーザーを対象に実施することが望ましい。し

表4.2 エンドユーザー処理費用の内訳

内訳	定義
ピア・サポート	同僚によるサポート
デスクトップ環境管理	資産管理，追加/移動/変更，OS管理
自主学習	IT資産利用のための自習
正規研修	正規のエンドユーザー教育
EUD	エンドユーザー開発
Futz要因	業務以外のPCの利用（例：ゲームなど）
システムダウン	トラブル発生時のサポート

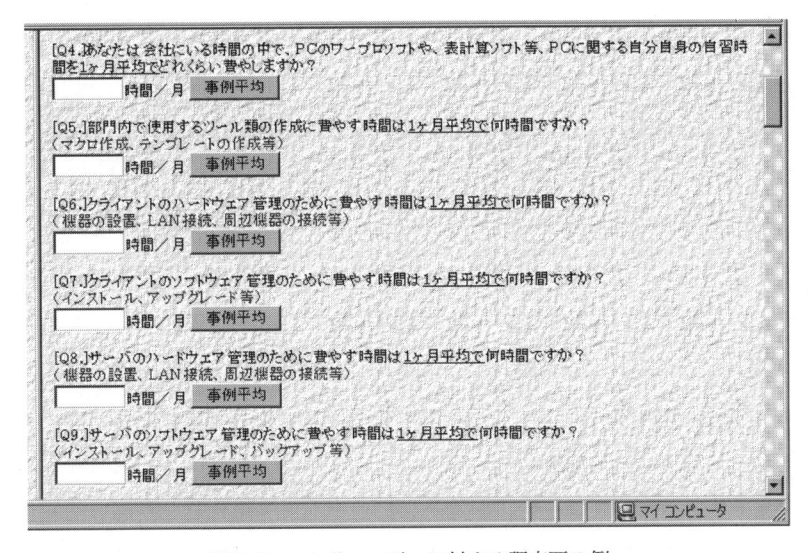

図4.2 エンドユーザーに対する調査票の例

かし，大きな企業では現実的ではない。そのような場合には，最低10％のエンドユーザーから回答を集めるのが一般的である。

そして，アンケート結果から項目ごとに作業時間の平均値を求めて，それに人件費単価を掛け合わせることによってエンドユーザー処理費用を算出する。

4.3 TCOの適正化策

4.3.1 TCO適正化の考え方

TCOは削減すればよいというものではない。極端なことをいえば，情報システムをすべて捨ててしまえばTCOはゼロになる。重要なことは，情報システムのサービス品質を適正なレベルに保ったうえでTCOを削減するべきだということである。これを，TCOの適正化と呼ぶ。

一般に，情報システムは使用年数が長くなるほど，TCOも増大していく。それは，情報システムを使っていく過程で，新たな機能を追加したり，バグと呼ばれる不具合を修正したりすることによって，情報システムの構造が複雑になっていくためである。したがって，なにも対策を打たないと，既存の情報システムの維持費用は膨らむ。そのため，サービス品質が変わらない場合でも，TCO適正化のための対策が必要である。

TCOを適正化するための施策を整理すると，大きく三つのアプローチが考えられる。それは，①情報技術の活用，②外部サービスの活用，③運用方針・プロセスの見直しの三つである。以下，順にその内容を説明する。

4.3.2 情報技術の活用によるTCO適正化策

情報技術（IT）をうまく活用することによって，TCOを適正化することが可能である。具体的には，ハードウェアやソフトウェアを更改したり導入したりすることでTCOを削減する。

（1）サーバ側アプローチ 第一に，サーバを多重化したり高い信頼性をもつサーバを導入したりすることによって，サーバを安定稼働させるという施

策が考えられる．これにより，情報システムがダウンする可能性が低くなるので，機会損失の費用を削減できる．

また，多数の小規模サーバを少数の大規模サーバに集約する施策もある．これをサーバ統合と呼ぶ．これにより，情報システムの管理費用を削減できるとともに，ハードウェアやソフトウェア費用を減らせる可能性もある．

（2）**クライアント側アプローチ**　エンドユーザーが直接利用する機器（クライアント機）は，パソコンが主流になっている．パソコンにはさまざまな機能があるために，エンドユーザーのサポートコストや処理コストが増大する要因となっている．そこで，TCO削減の施策として，クライアント機の機能を限定することが考えられる．

具体的には，ハードディスクやアプリケーションプログラムを搭載しない機器を導入する．これをシン（thin）クライアントという．シンクライアントシステムでは，アプリケーションはすべてサーバで実行して，ネットワークを介して，入出力情報だけをやりとりする．これによって，例えば，アプリケーションのバージョンアップが必要なときもサーバだけに手を加えればよい．このように，情報システムの運用・管理を簡素化することができるので，TCOも削減可能である．

（3）**運用管理ツールの活用**　運用管理ツールと呼ばれるソフトウェアプログラムを活用することによって，情報システムにかかわるさまざまな管理業務を自動化する．例えば，データのバックアップ作業やコンピュータウイルス用ワクチンの更新作業などは，手作業で行うのではなく，あらかじめ設定されたスケジュールに従って運用管理ツールが自動的に処理してくれる．

また，情報システム機器の資産管理や情報システムの稼働状況の監視などの作業も一元的に行えるようになる．これによって，管理作業の工数を削減するとともに，問題発生時の対応も迅速化することにより，TCOの削減とサービス品質の向上をあわせて実現できる．

4.3.3 外部サービスの活用によるTCO適正化策

多くの企業では，情報システムにかかわるさまざまな業務は必ずしも自社にとってのコア・コンピタンスではない。そのような業務を専門の業者（アウトソーサと呼ぶ）に委託することによって，TCOの削減とサービス品質の向上が図れる。これをアウトソーシングと呼ぶ。

アウトソーシングにはいくつかのタイプが存在する。委託範囲で分類すると，情報システムに関する業務だけを委託することをITアウトソーシング，その情報システムがサポートする業務まで含めて委託することをビジネスプロセスアウトソーシング（BPO）という。

ITアウトソーシングの場合，従来は情報システム部門の業務の一部分だけを切り出すケースが多かった。これに対して近年では，コア機能だけを残して，IT戦略を共有するアウトソーサにほとんどすべてのIT業務を委託して，双方が出資した情報子会社を設立したり，情報システム部門のスタッフをアウトソーサが引き取ったりするケースが増えている。これを戦略的アウトソーシングと呼ぶ。

一方で，特定の機能や情報システムの一部分だけをサービスとして提供する外部サービスプロバイダ（external service provider：xSP）と呼ばれるアウトソーサも増えている。xにはA～Zまでのすべてのアルファベットが入るといわれるほどサービスが細分化されている。代表的なものに，アプリケーションサービスプロバイダ（application service provider：ASP）やマネジメントサービスプロバイダ（management service provider：MSP）がある。

ASPは，インターネット経由で複数のユーザーがプロバイダのデータセンターに準備されたアプリケーションを，利用料金制のレンタルサービスとして利用できるようにするサービス，あるいはそのサービスを提供する会社である。図4.3にASPの概念図を示す。主として中小企業向けのサービスであり，顧客企業はアプリケーションソフトウェアはもちろんのこと，それを動かすハードウェアも自社で保有する必要がなく，必要なときに必要な時間だけアプリケーションプログラムを利用して，利用した量に応じて料金を支払うこと

4.3 TCOの適正化策　　89

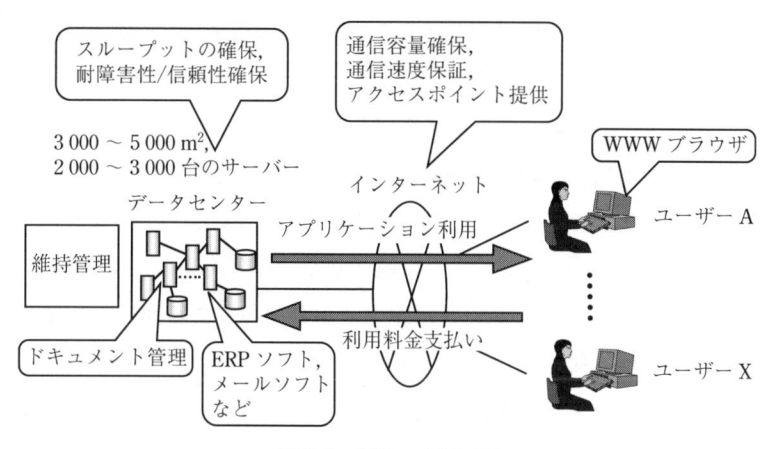

図4.3 ASPの概念図

が可能になる。このため，短期間で安価に情報システムが利用可能になるほか，人件費を含めた運用コストが少なくて済むというメリットがある。また，情報システムが固定資産にならず，経費として計上され，コスト管理が容易になる。さらにASP利用時には，可用性の保証に関して5.3節で説明するSLA (service level agreement) を結ぶことが多いので，信頼性，耐障害性の高いシステムが手に入る。反面，カスタマイズが難しい，選べるソフトウェアが限定される，情報インフラを他社に任せることに対する不安・抵抗感などのデメリットもある。

　MSPは，サーバやネットワークの監視を行い，障害発生時の対応や稼働情報の提供などの管理業務を請け負う。一般的には，顧客が所有している情報システムを遠隔から管理する。データセンター（顧客のサーバを預かる施設）を提供している業者が，付加サービスとしてMSPを提供しているケースも多い。

4.3.4　運用方針や運用プロセスの見直しによるTCO適正化策

　情報技術や外部の専門家に頼らなくても，情報システムを運用する際の方針やプロセスを整備することで，TCOを改善できる。

（1） エンドユーザーの情報システム利用環境の標準化　例えば，パソコンを購入する際に，それぞれの部署や個人が自分たちの好みに合わせて自由に選択できるとする。これらを管理する情報システム部門の立場から見ると，それぞれのプラットフォームに合わせて重複した保守や複数のアプリケーション開発が必要になる。このように，さまざまなサポート，管理の作業が煩雑になる。逆に，導入するパソコンを全社で統一したり，購入するソフトウェアを限定したりして，エンドユーザーが情報システムを利用する環境を標準化すると，管理作業を簡素化することができる。

（2） 運用プロセスの一元化，標準化　導入するパソコンを全社で統一したとしても，エンドユーザー部門が自らの裁量で自由に調達を行っていたり，その手続きが担当者によって異なっていたりすると，TCO 増大の要因となる。購入窓口を一元化して，その手続きを標準化することによって，業務工数を削減することが望ましい。また，大量購入によるディスカウントという副次効果も期待できる。

　プロセスの標準化は，ほかの業務でも有効な施策である。例えばサーバを管理する手順が担当者ごとに異なっていると，無駄やミスが増大したり作業品質にばらつきが出たりして，TCO 増加の要因となる。そこで作業基準や作業手順を文書化して，それに従って作業することを徹底することが重要である。これによって無用なトラブルの防止や作業効率の向上につながり，TCO の適正化にも寄与する。

（3） トラブル対処の充実　エンドユーザーが情報システムの使い方がわからないといったトラブルに遭遇したときに，自分で調べたり情報システムに詳しい同僚に聞いたりすると，TCO の増大につながる。また，情報システム部門に問い合わせたとしても，その担当者が対応業務の専任者ではない場合には，その担当者の業務効率が下がったり，不在のためにすぐに回答をもらえなかったりするといった問題がある。そこで，このようなエンドユーザーからの問合せに対応する専門の窓口としてヘルプデスクを設置することが TCO 適正化に有効である。

また，単に窓口を設置するだけでなく，問合せ履歴を記録して担当者間で共有することによって，同様の問合せへの回答時間を短縮して業務効率を向上させることができる。さらに，よくある質問をインターネットやイントラネット上に公開してエンドユーザーに周知することによって，問合せ件数を減らすことも可能である。

（4）**エンドユーザーの意識向上**　情報技術（IT）は日進月歩であり，情報システム機能がますます複雑化していく現代では，エンドユーザーにもITに関する基本的な知識（ITリテラシー）が要求される。そのための教育を全社的なカリキュラムとして実施することもTCO適正化につながる。

また，エンドユーザーにTCOを意識させることも重要である。一般に，エンドユーザーは，情報システムにかかる費用として資産しか見えず，その情報システムを維持する費用や自分たちの人件費も含まれているということを認識していないことが多い。そこで，TCOの観点から情報システム費用を把握して，それをエンドユーザーにも意識させることが有効である。

さらには，情報システムやそれに付随するサービスを利用した部門に，サービスの利用量に応じて課金することも有効である。一般に，情報システム部門の費用は，事業部門の売上げや所属人数などに比例して，各事業部門に間接費として配賦されることが多い。間接費とは，費用の発生が事業や製品と直接結びつかない費用のことである。エンドユーザーの立場からすると，明細がよくわからない費用を払わされているという意識が強くなり，自分たちの努力で費用を削減しようというモチベーションが起きにくい。そこで，利用量に応じた費用負担に変えることによって，受けたサービスの費用対効果を吟味して，例えば価値が低いと判断したサービスは利用しないという具合に，エンドユーザーにコスト意識をもたせることができる。

この考え方をさらに一歩進めたのがシェアードサービスである。シェアードサービスとは，コストセンターであった間接部門をプロフィットセンターとして独立採算化させる手法である。すなわち，情報システム部門でかかった費用をユーザー部門に配賦するのではなく，情報システム部門が行った各サービス

の対価を情報システム部門自らに回収させて収支管理をさせる。場合によっては，情報サービスを社外にも提供する。これによって，情報システム部門にとっては，単にコスト削減だけではなく売上げを上げるという目的が発生するので，サービス品質の向上にもつながる。

4.3.5 TCO適正化推進における留意点

以上，説明したようにTCO適正化のための施策はさまざまである。しかし，万能薬はない。それぞれの事情に応じてとるべき施策も異なる。

例えば，サーバの集約という施策一つをとっても，そのやり方には大きく3種類ある。それは，① 論理的集約，② 物理的集約，③ データセンター集約である。論理的集約とは，分散して存在している複数のサーバの設置はそのままにして，管理ソフトウェアを活用してこれらを集中管理したり，管理プロセスを統一化したりすることである。これに対して物理的集約とは，各拠点に設置してあるサーバを1か所のデータセンターに集中して設置することである。最後に，データセンター集約とは，データセンター内の多数の小規模サーバを少数の大規模サーバに集約することである。後者になればなるほど得られる効果は大きいが，その分リスクも大きい。いわゆるハイリスクハイリターンの施策である。どの対策を打つべきかについては十分に吟味する必要がある。

また，導入するパソコンの仕様を全社で統一するという施策がTCO適正化に有効であると説明したが，これも，もろ刃の剣である。自由度を減らすことによって，確かにTCOを削減できるかもしれない。一方で，各ユーザー部門の裁量に任せて，部門内で最適なシステムをタイムリーに導入することを認めることによって，情報システムの経営価値は高くなる可能性が高い。単に費用だけでなく，その効果も勘案したうえで，適正なコストを考えることが肝要である。

さらに，施策を考える際には，移行の費用も忘れずに考慮するべきである。現行よりもTCOが低くなる情報システムの構成や運用プロセスがあったとしても，一朝一夕に変えることはできない。必ずそこには移行のための作業が伴

い，そのための費用も発生する。したがって，現状と改善後の TCO を単純に比較するのではなく，改善に必要な移行費用も加味した TCO 比較が必要である。

4.4 情報システム開発費用の見積もり

4.4.1 情報システム開発の見積もりのアプローチ

継続的な企業の業務改善活動の一環として TCO を活用する場合には，経年変化を把握することが重要である。この目的の場合，TCO の項目から情報システムの開発費用を除くケースが一般的である。なぜならば，どのような情報システムを開発するかは年ごとに大きく変化する可能性があるためである。大規模な業務システムの開発は毎年発生するものではないので，そのような開発を TCO に含めてしまうと，それを開発した年だけ開発費用が大きくなり，経年変化を把握しづらくなる。

上記を言い換えると，開発費用は，ほかの費用と比べてどの程度の費用がかかるかを事前に予測しづらいという特徴をもつ。ほかの費用は，年ごとに大きく変動することはないため，前年度にかかった費用がわかれば，次年度に必要な費用はある程度推測できる。しかし，開発費用は，どのような情報システムを開発するかに大きく依存するため，単純に過去の情報を参照するだけでは見積もることが難しい。

情報システムの開発費用の見積もりを困難にしている要因はそれだけではない。一般に，情報システム開発の初期段階では，仕様が不明確であることが多い。すなわち，どのような情報システムを開発するかが，初期段階では完全に確定していない。また，かりに仕様が明確であったとしても，どの程度の費用がかかるかは，開発者のスキルや適用するテクノロジーなどにも影響を受ける。

このように，情報システム開発にかかる費用を見積もることは，情報システムを利用する企業にとっても，ソフトウェア開発を事業としている企業にとっても，大きな課題である。これに対して，これまでさまざまな見積もり技法が

開発され，適用されてきた。

　最も単純な方法は，過去の類似の情報システム開発の事例から類推する方法である。この方法は単純で適用が簡単であるが，多くの問題点がある。まず，類似の開発プロジェクトを見つけるためには，十分に多くの過去の事例を持っていなければならない。また，情報システムの開発手法は日進月歩であるため，情報システムの機能は同じでも，過去の開発事例が必ずしも役に立つとは限らない。

　情報システムの開発工数や期間を見積もる手法としては，COCOMO（constructive cost model）が知られている。これは1981年にバリー・ベーム（B. Boehm）が提唱した手法である。開発するソースコードの行数（lines of code：LOC）に調整係数を掛け合わせて開発工数を算出する。開発工数が算出できれば，それに開発者の人件費を掛け合わせることによって開発費用を見積もることができる。しかし，LOCを把握するためには過去からの類推に頼らざるを得ないうえに，開発の初期段階で見積もることは難しい。

　そこで，直接的に開発の費用や工数を見積もるのではなく，最初に，開発する情報システムの規模を見積もる方法が広く使われている。それがファンクションポイント法である。

　ファンクションポイント法は1979年にアラン・オールブレクト（A. J. Albrecht）が考案したものである。その後，何度か改訂されたり，IFPUG（International Function Point Users Group）というファンクションポイント法の研究と普及を行う非営利組織が結成されたりしてきた。IFPUGが規定している計測方法は全世界で広く普及しており，現在では多くの企業がファンクションポイント法をベースに独自の工夫を加えて，情報システム開発の見積もりに活用している。

　また，フィーチャーポイント法やMk II法といった方式がファンクションポイント法から派生している。これらの派生手法を含めたものを広義のファンクションポイント法と呼び，IFPUGが提唱しているファンクションポイント法をIFPUG法と呼ぶこともある。COCOMOでも，ファンクションポイント

法の考え方を取り入れた COCOMO II が提唱されている。

4.4.2 ファンクションポイント法による情報システム規模の見積もり

ファンクションポイント法は，情報システムを五つの機能（ファンクション）に分けて，それぞれのポイント数を計測したうえで，調整係数を掛け合わせて，情報システムの規模を見積もる手法である。情報システムの利用者の視点から機能を評価するため，開発初期の，要件定義が終わった段階でも有用である。図 4.4 にファンクションポイントの算出手順の概要を示す。

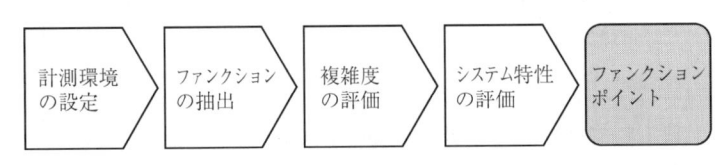

計測環境の設定 → ファンクションの抽出 → 複雑度の評価 → システム特性の評価 → ファンクションポイント

図 4.4　ファンクションポイントの算出手順の概要

（1）　計測環境の設定　ファンクションポイントを計測する対象の範囲を明確にする。例えば，複数のサブシステムから一つの大きな業務システムが構成されているとき，サブシステムごとにファンクションポイントを算出することになる。この際，あくまでも利用者の視点で境界を設定することが肝要である。

（2）　ファンクションの抽出　ファンクションポイント法では，図 4.5 に示すように，二つのデータファンクションと三つのトランザクショナルファンクション，合計五つのファンクションを規定している。

内部論理ファイル（internal logical files：ILF）：計測対象のサブシステムによって管理されていて，生成，更新，削除などの操作対象になるデータ。

外部インターフェースファイル（external interface files：EIF）：外部のサブシステムによって管理されていて，計測対象のサブシステムからは参照だけが行われるデータ。

外部入力（external inputs：EI）：外部からデータを受け取る処理。EIF を更新することもある。

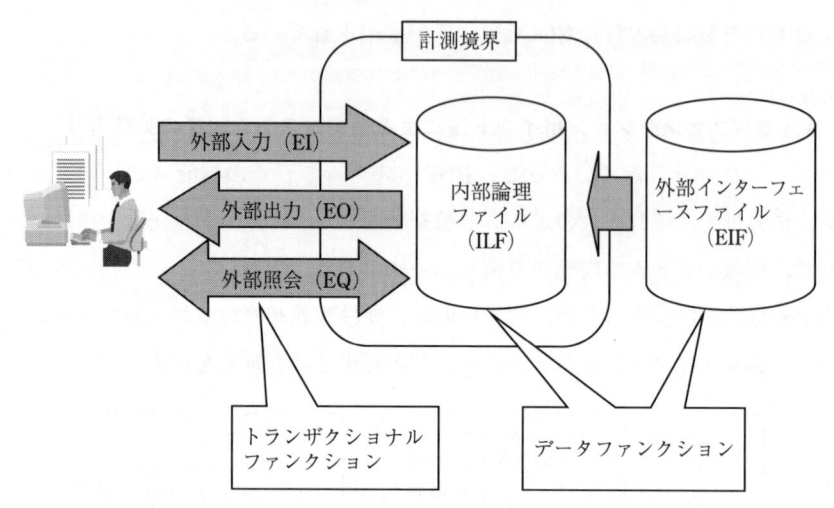

図4.5 ファンクションポイント法におけるファンクションの考え方

外部出力（external outputs：EO）：外部へデータを出力する処理。EIFのデータを加工して出力することもある。

外部照会（external inquiry：EQ）：入出力が一体となった処理。ただし，EIFの更新や，EIFデータの加工はない。

このステップでは，各ファンクションを抽出する。

（3）複雑度の評価　上記で抽出した個々のファンクションの複雑度を評価する。複雑度は，低，中，高の3レベルに分かれている。データファンクションに関しては，データの項目数とレコード種類数を求める。トランザクショナルファンクションに関しては，データの項目数と参照ファイル数を求める。そして，どちらのファンクションも，求めた数値から複雑度を判定する表が用意されている。そして，ファンクションのタイプごとに，複雑度からファンクションポイント値を求める表も用意されている。

個々のファンクションに対して複雑度を求め，それをファンクションポイント値に変換する。そしてこの合計を求める。この合計値は未調整ファンクションポイントと呼ばれる。

（4）システム特性の評価　性能に対する要求やデータ処理ロジックの複

雑度など14項目のシステム特性をそれぞれ5段階で評価する．そして，その結果から調整係数を算出する．未調整ファンクションポイントに調整係数を掛け合わせたものがファンクションポイントである．

4.4.3 情報システムの規模と開発工数

　ファンクションポイント法によって情報システムの規模を求めたら，そこから開発にかかる工数を推定する．一般的には，過去のシステム開発からファンクションポイントの値と開発工数の実績値を蓄積して，そこから換算式を求めることが多い．ファンクションポイントを開発工数で割った値は開発の生産性を表しているといえる．ここで注意しなければならないことは，すべての情報システム開発を対象に，ファンクションポイントと開発工数の相関を求めても無意味という点である．開発生産性は多くの要因によって変動する．

　第一に，技術的な要素がある．すなわち，同じ機能のシステムを開発する場合でも，過去に作ったプログラム部品を再利用したり，パッケージ製品を利用したりすれば，ゼロから作る場合より開発工数は短くなる．

　第二に，品質要件の違いも開発工数に影響する．ファンクションポイントはあくまでも機能に注目しているが，開発工数は，信頼性，操作性，保守性といった品質要件によっても変化する．

　第三に，利用者側の要因も考えられる．ファンクションポイントは利用者の視点から機能を整理するため，利用者からの要求が不明確だとファンクションポイントの信憑性も低くなる．開発初期段階では利用者から上がってくる要件は不明確で，開発を進める過程で最終仕様が固まっていくというケースも少なくない．そのようなケースではファンクションポイントも変動することになる．

　第四に，開発者側の要因もある．開発者の技術力やプロジェクト管理能力，さらには開発支援ツールの活用度合いなどにも依存して開発工数は変動する．

　以上の変動要因は，ファンクションポイントを計算する際に，調整係数として多少は考慮されているが十分ではない．ファンクションポイントは建物を建てるときの建坪に例えられる．建築期間やコストは建坪に依存することは確か

だが，それだけでは決まらないのと同じである。

しかし，開発プロジェクトのタイプをうまく分類して，ファンクションポイントと開発工数の相関が高いプロジェクト群を抽出できれば，開発工数の見積もり，さらには開発コストの見積もりが高精度になる。ファンクションポイントと開発工数に関する独自のデータベースを構築して，情報システム開発の見積もりに役立てている企業も少なくない。

4.5 情報システムの予算策定と費用配賦

4.5.1 情報システムの予算策定の方法

4.1節でも説明したように，情報システムに関する費用は TCO という考え方で把握することが重要であるが，必ずしも TCO の項目がすべて予算化されるわけではない。情報システムの予算として管理する範囲やその費目は，企業によって異なる。経済産業省では，毎年，情報処理実態調査を実施して民間企業の情報処理関係諸経費の動向を発表している。その調査で定義されている費目が参考になるという程度である。

しかし，いずれにしても，その予算を情報システム部門がとりまとめるのが一般的である。ただし，情報システム部門の位置付けは企業によって異なる。企業全体の情報システム予算を一つの部署がすべて管理する形態（集権型），事業部門ごとに，それぞれの情報システム部門が管理する形態（分権型），両社をミックスした形態（連邦型）などがある。

また，予算策定の方法も各社各様であることはいうまでもない。ここでは，図 4.6 に示した典型的な予算策定の流れを説明する。

一般に，情報システムの予算は，新規システムの開発費と既存システムの保守・運用費に大別される。新規システムの開発に関しては，まず，それぞれの部署が新規の投資案件を提案する。情報システムを利用する立場である業務部門では，自分たちの業務遂行に必要な情報システムに関して提案を挙げる。また，情報システム部門では，自分の管轄する範囲で共通に利用するインフラに

4.5 情報システムの予算策定と費用配賦

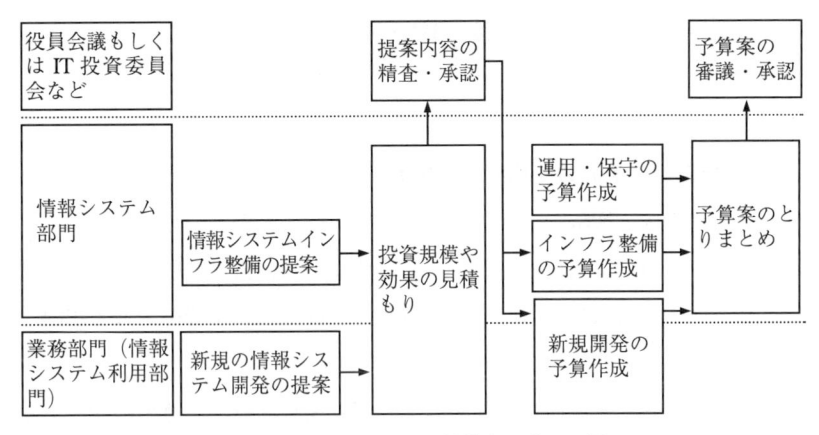

図4.6 情報システム予算策定の流れの例

関する提案をまとめる。具体的には，ネットワークの増強や電子メールシステムの構築などが挙げられる。

つぎに，それぞれの提案に対して，投資の規模やその効果を見積もる。これは，情報システム部門や業務部門が単独で行うのではなく，両者が協力して実施することが望ましい。

すべての提案がまとまると，つぎに，役員会議やIT投資委員会などの決定機関が各提案の内容を精査する。そして投資の認否や優先順位などを決定する。

この結果を踏まえて，認められた新規提案に対しては，各部署で改めて予算を策定する。また，それと平行して，情報システム部門では，既存システムの保守・運用費に関する予算もあわせて策定する。一般に，保守・運用費は，年度によって大きく変動はしないので，前年度の実績をベースに調整することが多い。保守・運用費に関しては，前年度比何パーセントに抑えよといった指示が，経理部門や経営者から与えられて，その範囲内で策定するケースも多い。

情報システム部門では，それぞれの予算をすべてまとめて，それを再び予算決定機関に上申する。これが認可されると予算案が確定する。

このように，情報システムの予算は，一部署で閉じた範囲で決まるものではなく，多くの利害関係者が関与する。したがって，円滑に予算を策定するため

には，透明性の高いプロセスや投資優先付けの基準などを確立することが不可欠である。

4.5.2　情報システムの費用配賦の方式

多くの企業では，情報システム部門は経理部門や人事部門などと並んで，コストセンターとして位置付けられている．すなわち，自らは収入がなく，費用だけが計上される組織である．一方，収入を上げて利益を管理できる組織をプロフィットセンターと呼ぶ．

コストセンターである情報システム部門が管理している予算の範囲で実際にかかった費用は，プロフィットセンターへ配賦することになる．配賦の方法は，大きく三つに分かれる．

（1）**一括配賦法**　情報システム部門が管理している予算の内容を個別に分類するのではなく，全体でかかった費用だけを考慮して，それをある基準に従って各部門に配賦する．配賦の基準としては，売上高や従業員数といった部門の規模に比例して按分することが多い．

（2）**サービス別配賦法**　情報システム部門が管理している予算を一括して配賦するのではなく，個別の内容を吟味して按分の割合を変えていく．例えば，ある業務部門が提案して，その部門しか使わないような情報システムに関しては，その費用はすべてその事業部負担とする．また，全社で共通に使うような情報システムにかかる費用は，全部門に対して，その規模に応じて配賦する．

（3）**利用度連動配賦法**　情報システム部門が提供しているサービスそれぞれについて，それを利用した部署が，利用した量に連動して費用負担をする．例えば，電子メールのシステムを運用するのにかかった費用は，各部署が実際に送受信したメールの数に比例して配賦する．

上記の分類は厳密なものではなく，実際にはその中間のような配賦方法も存在する．一例を挙げると，情報システム部門の予算の中で，受益者，および，かかった費用がともに明確なサービスだけはその受益者に負担させる一方で，それ以外のサービスは，一括で配賦する方式もある．この方式を取り入れてい

る企業は多い。

　具体的には，利用者が明確な情報システムに対しては，その開発費用は明確なので，それは利用部門に賦課する。一方で，その情報システムの運用費用に関しては，ほかの情報システムの運用費用と合わせて，一括で配賦額を決定する。なぜならば，通常，一人の運用担当者が複数の情報システムの運用を受け持っているケースが多いため，ある特定の情報システムにかかった運用費用だけを算出することは難しいからである。

　また，情報システムの開発費用に関しても，完全に受益者負担とするのではなく，一部は全部門からの拠出金を当てるという方法もある。受益者負担を徹底させると，新規の情報システム開発に関して積極的な部署とそうでない部署の格差が拡大しやすく，部分最適に陥りがちであるからである。

　以上の配賦方法はそれぞれ一長一短があり，どれが良いとは一概にはいえない。例えば，一括配賦法は，最初に按分比率を決めてしまえば，情報システム予算の管理や調整が容易である。一方で，情報システムに対するコスト意識の低下を招く。これに対して，サービス別に配賦すれば，どのサービスにお金を負担しているかが利用者にわかるため，利用者のコスト意識は高まる。しかし，サービスごとに按分比率を決める必要があるため，その課金規則の決定が煩雑になる。配賦額を利用量と連動させれば，その傾向はさらに強まる。すなわち，情報システムの無駄な利用が減ることによって，TCO適正化につながるが，配賦額を決定するための分析作業は過度に複雑になりかねない。

　けっきょく，最適な配賦方法は存在せず，各企業のIT戦略や財務戦略に応じて決めることになる。

5

情報システムの投資効果

　情報システムを導入することには，業務効率の向上や新ビジネスの立ち上げなど，さまざまな効果がある。しかし，情報システムの投資と効果の因果関係は複雑であり，効果を定量化することは容易ではない。本章では，情報システムがもたらす効果をいろいろな角度から可視化するための考え方や手法について説明する。

5.1　情報システムの投資効果評価の考え方

5.1.1　情報システムの効果評価の観点

　従来，システム監査基準では，信頼性，安全性，効率性が問われてきた。信頼性とは情報システムの品質の高さを評価するもので，障害の発生頻度の少なさや回復の迅速さが評価のポイントとなる。安全性とは情報システムに必要なセキュリティが確保されているかを評価するもので，災害や不正アクセスなどへの耐性が問われる。効率性とは，情報システムの処理能力の大きさや速さを評価するもので，リソースの活用度やシステム性能などが監査対象となる。これらは監査の基準ではあるが，情報システムの効果の一面を示している。すなわち，情報システムが仕様どおりに問題なく稼働することが，企業の経営にとってもプラスになると考えることができる。

　これに対して，近年では情報システムに有効性や戦略性も求められている。すなわち，情報システムが業務に役に立っているか，さらには，経営に貢献しているのかが問われるようになってきた。これは，情報システムが，業務の省

力化や効率化のための補助的な道具から,経営戦略を支え事業を推進する主役へと,その役割も変化していることに起因する.この変化によって,情報システムの効果を財務的な視点で可視化することに対する要求が高まっている.

5.1.2 おもな投資評価手法

経営者から見れば,情報システムの導入も投資の一部である.したがって,金融や経営の分野で語られている以下のような投資の評価手法の適用が考えられる.

(1) **ROI**(return on investment:投下資本利益率) ある投資プロジェクトにおいて,投資がどれだけの利益を生んだかに関して,その効率性を測る尺度である.「利益÷投資額×100 %」で計算する.

(2) **ディスカウントキャッシュフロー法** ディスカウントキャッシュフロー法(discount cash flow:DCF)は,投資の結果として将来生み出されるであろうキャッシュフローの予測値を現在価値で評価する手法である.

図5.1にその考え方を示す.これは,投資の結果として,5年間にわたって一定のキャッシュフローが得られると想定した例である.このように,毎年同じ金額のキャッシュフローが得られるとしても,資本を調達するのにかかるコストである資本コストを考慮すると,その価値は時間とともに変化する.そこ

キャッシュフロー(CF)

この投資の正味現在価値(NPV:net present value)

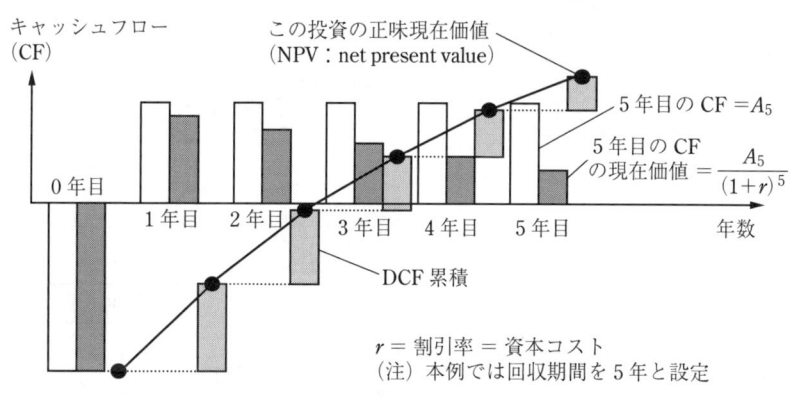

5年目のCF $= A_5$

5年目のCFの現在価値 $= \dfrac{A_5}{(1+r)^5}$

0年目 1年目 2年目 3年目 4年目 5年目 年数

DCF累積

$r =$ 割引率 $=$ 資本コスト
(注)本例では回収期間を5年と設定

図5.1 ディスカウントキャッシュフロー法の考え方

で，得られるキャッシュフローを資本コストで割り引いた金額を現在価値とする。

現在価値の累積額から投資額を差し引いた金額を正味現在価値（net present value：NPV）と呼ぶ。DCF法では，NPVのプラスマイナスで投資の判断を行う。

（3）**リアルオプション法**　DCF法では将来のキャッシュフローを予測するが，それは容易なことではない。そこには多くの不確実な要素がある。その不確実性を考慮して，投資の意思決定に柔軟性を与える手法として，リアルオプション法（real option）がある。

図5.2にリアルオプション法の例を示す。この例では，Aシステムを導入したときに，それが全社に普及するか，あるいは，ある特定部署での利用にとどまるかは，必ずしも一意に決められないようなケースを想定している。そこで，これを確率事象として考えて，それぞれの発生確率を付与している。さらに，Aシステム導入の数年後に，機能Bを追加するかしないかを，そのときの状況に応じて改めて意思決定する。これに応じて，複数のシナリオを用意している。そして，これらの各シナリオでDCF法を適用したり，シミュレーションを行ったりする。

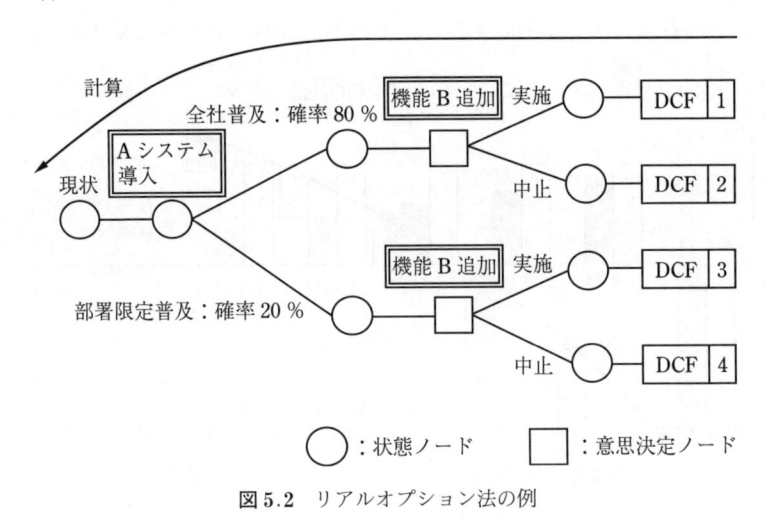

図5.2　リアルオプション法の例

5.1.3 情報システムの効果評価の難しさ

だれもが納得するROIを計算できれば問題はないが，情報システムの効果を評価する場合，それはきわめて困難である．その最大の理由は，情報システムが業務やビジネスに与える影響が間接的であることに起因する．生産設備であれば，そのアウトプットは製品であり，その生産能力がわかればビジネス上の効果を算出しやすい．これに対して，情報システムのアウトプットは情報である．ビジネス上の効果は，その情報をいかに活用するかにかかっているが，それは，対象となる業務プロセスや運用する組織体制に依存するため，純粋に情報システムの効果だけを取り出すことは難しい．

それでも，従来型の業務効率向上をねらいとした情報システムであれば，トータルコスト削減という定量的な評価が比較的容易であった．例えば，システム導入によって削減できた作業時間を人件費に換算して，それが投資額を上回っていることを示すことができる．これに対して，経営戦略に直結する情報化投資では，コストだけ見れば，むしろ増加することが予想され，それに見合う価値を生み出しているかが争点となる．そのため，効果評価への要求が高まる一方で，その難しさも増している．

これらの事実を裏付けるデータとして，米国の国防総省の情報統括責任者（CIO）であったストラスマン（P. Strassmann）は，多くの実例を分析した結果，IT投資額と企業収益との間にはなんの相関もないことを実証した．

5.1.4 情報システムの効果評価の考え方

以上説明してきたように，けっきょく，だれもが納得する客観的な評価基準は存在しない．最も重要なことは，情報システム投資に関与する人たちの合意形成である．すなわち，情報システムのスポンサーである経営者，利用者である業務部門，提供者である情報システム部門の三者が，それぞれの立場でIT投資とその効果について考えて，情報化に対する共通認識を醸成することが，IT投資成功の鍵となる（図5.3）．

その合意形成を実現するための最大の障壁は，情報システム部門の活動が，

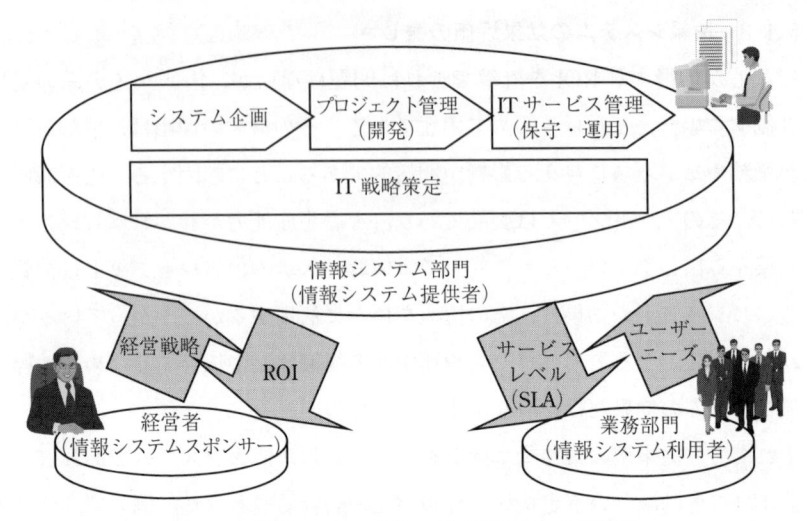

図5.3 情報システムを取り巻く関係者の合意形成

経営者や業務部門からよく見えていないことにある．以下では，この課題を取り除いて，情報システムの効果を可視化するためのアプローチを紹介する．

5.2 経営者に対する効果の可視化
──バランススコアカードの活用──

5.2.1 バランススコアカード

経営者から見れば，最終的に売上げや経費といった財務的な数字へ与える影響を抜きにして情報システムの効果の議論は完結しない．しかし，前節で述べたように，情報システムの効果を財務諸表だけで論じることは不可能である．この課題に対して，バランススコアカードの考え方を情報化投資評価へ適用しようというアプローチが脚光を浴びている．

バランススコアカードは，1992年にキャプラン（R. Kaplan）とノートン（D. Norton）が提唱した業績評価手法である．伝統的な財務指標中心の評価だけでは情報化時代の価値を創造しようとする企業およびその行動をとらえるのに適切ではない．そこで，バランススコアカードは，図5.4に示すように，組織がもっているビジョンと戦略がどの程度達成されているかを，財務の視

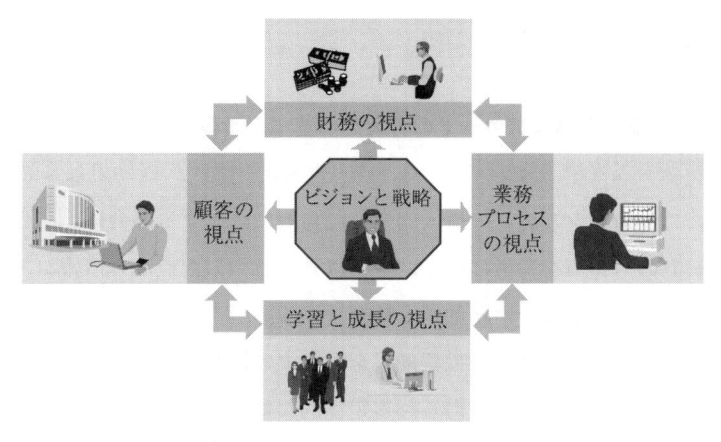

図 5.4　バランススコアカード

点，顧客の視点，業務プロセスの視点，学習と成長の視点という四つの視点からバランスよく業績を評価する。

　図 5.4 を上から下へ眺めると，時間の流れが見えてくる。すなわち，上段の財務の視点はあくまでも過去の実績を表しているに過ぎないが，中段の二つの視点は現在の状況を示している。さらに，下段の学習と成長の視点は，将来にわたって組織が成長していけるかを評価できる。

　また，図 5.4 の中段の二つの視点は，左右がそれぞれ，組織の外側と内側の状況を評価するものである。このように，時間的にも空間的にも多様な視点から評価することがバランススコアカードの特徴である。

　バランススコアカードの考え方を使って，戦略をマネジメントする仕掛けとして戦略マップがある。戦略マップでは，まず，バランススコアカードの四つの視点から，戦略を遂行するための仮説や因果関係を説明する論理を組み立てる。例えば，従業員教育を充実させることによって，それが業務効率の向上につながり，その結果として顧客満足度が上がり，最終的に，売上げの増加につながる，といった具合に各視点から戦略の構成要素とその関係をまとめる。さらに，各構成要素に，それを評価するための指標を設定する。経営者は，戦略マップ上の各評価指標をモニタリングすることによって，戦略をマネジメント

することが可能になる．

5.2.2 バランススコアカードの考え方に基づく情報システムの投資効果評価

情報システムを導入することによって達成が期待される効果は多岐にわたる．そこで，情報システムの導入効果を財務的に評価する場合に，バランススコアカードの考え方を参考にして，財務以外の三つの視点から情報システムの効果を考えて，各効果を財務数値と結びつける．

図 5.5 に，情報システムの投資効果を評価する流れを示す．まず，情報システムを導入することによって得られる定性的な効果を列挙する．具体的には，情報システムを導入することによって恩恵を得る部署が，その導入によってなにを改善するのかを宣言する．

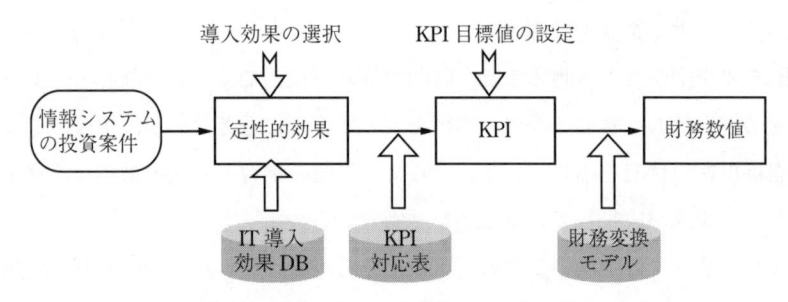

図 5.5 情報システムの投資効果評価の流れ

つぎに，その改善項目を定量的に評価するための指標を決定する．この指標を重要業績評価指標（key performance indicator：KPI）と呼ぶ．情報システム導入による効果とその KPI の例を**表 5.1** に示す．

そして，各 KPI に対して，目標値とその目標達成の責任部署を明確化する．情報システム部門や利用部門の担当者レベルでは，それぞれの KPI 目標達成が約束事項となる．

さらに，各 KPI と財務数値の関係を表す財務変換モデルを構築する．この際，戦略マップを活用する．戦略マップの例を図 5.6 に示す．これは，製造業の企業で，サプライチェーンマネジメント（SCM）システムを導入したとき

表 5.1 情報システム導入の効果と KPI の例

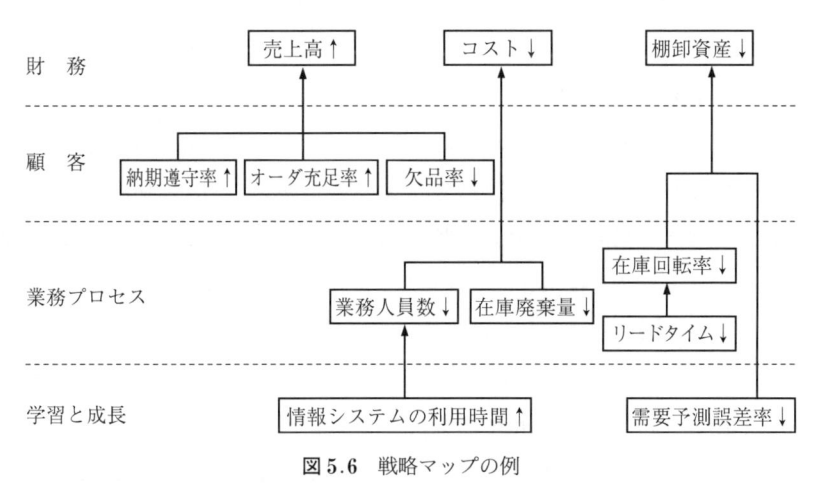

視点	効果	KPI
顧客	顧客利便性の向上	サービス提供時間
	新規顧客獲得の増加	市場占有率
業務プロセス	業務効率の向上	作業工数
	在庫削減	在庫回転率
学習と成長	従業員のスキル向上	資格保有者数
	従業員のモチベーション向上	退職率

財　務　　　　　売上高↑　　　コスト↓　　　棚卸資産↓

顧　客　　　納期遵守率↑　オーダ充足率↑　欠品率↓

業務プロセス　　業務人員数↓　在庫廃棄量↓　在庫回転率↓　リードタイム↓

学習と成長　　情報システムの利用時間↑　　需要予測誤差率↓

図 5.6　戦略マップの例

の例である．実際には，図の KPI 間を結ぶ各線には変換式が入る．

　一般的に，KPI を財務数値に変換するための客観的に正しい数式は存在しない．したがって，最終的に得られた財務的効果の数値そのものを厳密に評価することは重要ではない．この評価手法のポイントは，上記のステップを一つずつ踏むことによって，財務的評価の透明性の確保と，経営者，業務部門，情報システム部門の三者間の合意形成を達成することにある．

　なお，ROI を求める場合には，図 5.5 に加えて，情報システムにかかる総合的な投資額として TCO を算定して（4 章参照），効果の算定と合わせて評価する．

　ところで，活用状況を見ながら段階的にシステムを拡充していくような投資

や，インフラを整備することで長期的な視点で効果を求めるような投資は，不確定要素が大きい。したがって，このような投資に対しては，投資のシナリオを複数用意する。そして，個々のシナリオの評価は上記の手法を用いて行う。そのうえで，リアルオプションの考え方に基づいて，複数のシナリオを総合的に評価する。

5.3 情報システム利用者に対する効果の可視化
―― SLA の導入 ――

5.3.1 SLAの考え方

情報システムの利用者から見れば，情報システムは自分たちの業務遂行をサポートしてくれるものである。言い換えれば，情報システムは利用者に対して一種のサービスを提供している。利用者にとっては，情報システムが事前の期待どおりのサービスを提供してくれるかどうかが評価のポイントとなる。すなわち，サービスの品質に関して，事前の期待と実績を比較できるような指標が必要である。この課題に対して，サービスレベル契約（service level agreement：SLA）の考え方が有用である。

SLAとは，サービス提供者がサービス利用者に対するサービスの品質基準を規定して，同時にサービス品質の監視，報告方法や未達の場合の対応などについても明らかにする契約である。多くの外部サービスプロバイダ（4章参照）が，自らのサービスの可用性，性能，正確性といったサービス品質の高さを PR するとともに，その責任範囲を明確化する目的で SLA を導入している。

サービス利用者から見れば，サービス品質が明示されることで，サービス提供者の選定やサービス価格妥当性の判断が容易になるとともに，保証されたサービス品質が未達の場合には補償を受けられるので，システムリスクのヘッジも可能になるというメリットがある。サービス提供者にとっても，責任範囲を限定するという防衛的なメリットだけでなく，優良顧客の選別やサービスの他社差別化の武器になり得る。

SLA はその名のとおり契約であり，サービス提供会社が顧客と結ぶことが

普通であるが，最近では，企業内の情報システム部門と利用部門の間でSLAを取り交わす事例も増えている。

5.3.2 おもなサービスレベル項目

SLAでは，サービスの品質を表す指標をサービスレベル項目として規定する。そして，各サービスレベル項目に対して，その定義，評価尺度，監視・計測方法，目標値や保証値などを記載する。以下に，評価カテゴリ別におもなサービスレベル項目を説明する。

（1）**可用性**　サービスが利用可能である時間の割合（可用率）を指す。サービスレベルとしては不可欠な要素である。一般的には，「サービスの利用可能時間÷サービス提供予定時間×100％」で計算する。提供サービスの内容やエンドユーザーの利用形態に応じて，サービス停止の発生頻度，発生間隔や障害発生からサービス復旧までの時間を指標とすることもある。

（2）**性能**　サービスの速さを評価する。可用性と並んで，サービスレベルとしては不可欠な要素である。オンライン系システムでは応答時間，オフライン系システムではバッチジョブ実行時間が一般的な指標である。情報システムの保守・運用のサービスでは，問題発生からサポート要員が対応するまでの時間や，問題解決までの時間が指標となる。オンライントランザクションのスループットといった時間当りの処理量を指標とすることもある。また，処理速度そのものよりも，設定した期限を遵守できるかという視点のほうが重要なケースも多い。このような場合の指標としては，バッチジョブの定時内完了率やシステム開発の納期遵守率などがある。

（3）**正確性**　サービスを実施するうえでのさまざまな基準や手順が明確になっているか，そして，その基準どおりに正確に運用されているかを指す。具体的には以下のような項目がある。

a）整合性：障害の重大性レベル，複数の関連データ間の整合性など。

b）処理手順：障害発生時のエスカレーション手順，サービス受付から提供までの手順など。

c) スケジュール：定期的な作業（バックアップ，保守，レポート提出など）のスケジュール。

d) データ鮮度：ユーザーに提供したり，内部で利用したりするデータの新しさや更新のタイミングなど。

(4) セキュリティ　サービスを利用，運用できる人の明確化と，その違反の検出，防御，報告の仕掛けを指す。

a) アクセス制御：ユーザーごとのサービス範囲，サービス実施のためのリソースへのアクセス権限など。

b) 不正検知：外部からの不正な侵入や内部犯罪への備え。

c) 情報守秘：機密保持の対象と仕掛け。

(5) キャパシティ　サービスのもつ最大能力，潜在能力を指す。ファシリティやハードウェアの場合は，スペックそのものを指すことが多い。また，同時に実行できるジョブの数やサポート要員数など，同時並行に処理できる量を指標とすることもある。

(6) 拡張性　サービス内容変更要求に対する柔軟性を指す。要求受付からその実施までに要する時間を規定することが一般的である。

(7) 利用者満足度　利用者のサービスに対する満足度を指す。利用者に対してアンケート調査を行うのが一般的である。利用者の満足度を上げるための道具というSLAの本来の目的からすると，最も重要な項目ということもできる。しかし，客観的なデータではないため，日本国内でSLAに取り入れている事例は多くない。

5.3.3　サービスレベル項目の管理レベル

図5.7に示すように，サービスレベル項目は三つの管理レベルに分けることができる。情報システムの重要性やサービス提供にかけるコストなどに応じて使い分ける。

(1) 保証項目　目標値を定めて実績値を測定・報告して，サービス提供者がその値を保証する項目である。すなわち，その目標値を達成できなかっ

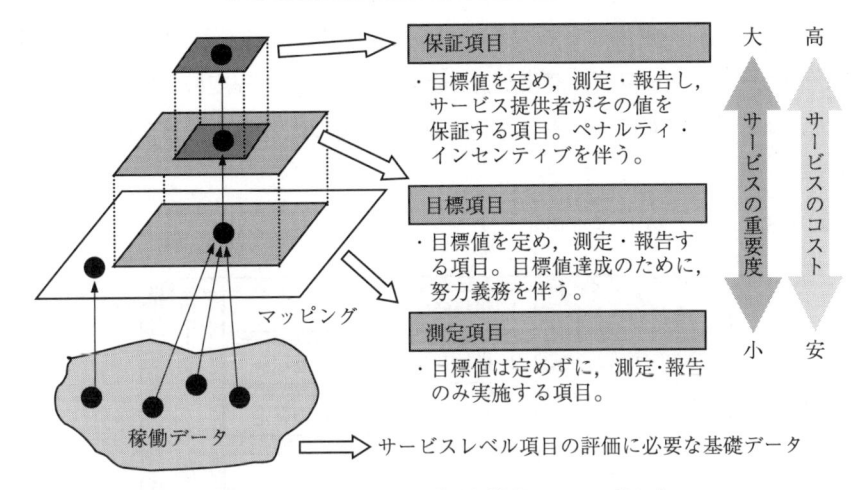

5.3　情報システム利用者に対する効果の可視化

図5.7 サービスレベル項目の管理レベルの考え方

[図の内容]
- 保証項目：目標値を定め，測定・報告し，サービス提供者がその値を保証する項目。ペナルティ・インセンティブを伴う。
- 目標項目：目標値を定め，測定・報告する項目。目標値達成のために，努力義務を伴う。
- 測定項目：目標値は定めずに，測定・報告のみ実施する項目。
- 稼働データ ⇒ サービスレベル項目の評価に必要な基礎データ
- マッピング
- サービスの重要度：大 ～ 小／サービスのコスト：高 ～ 安

た場合にはペナルティが課せられる。ペナルティとしては，金銭的な補償が一般的である。すなわち，実績値が目標値を下回った度合いに応じてサービス料金を割り引く。また，目標値を上回って達成した場合にはボーナスが与えられることもある。

（2）**目標項目**　目標値を定めて実績値を測定・報告する項目である。その目標値達成のための努力義務はあるが，達成度にリンクした金銭的なやり取りは発生しない。すなわちサービス提供者は目標値を達成できなかった場合には，その改善施策をサービス利用者に提示して，それをすみやかに実行する。

（3）**測定項目**　目標値は定めずに実績値の測定・報告のみを行う項目である。

5.3.4　SLA策定の進め方

　SLAは，サービス提供者とサービス利用者の間の合意事項である。したがって，SLAを策定する場合には，基本的にサービス提供者とサービス利用者がチームを組んで，対等な立場で検討，交渉を進めることが必須である。すなわち，両者の共同作業が基本となる。サービス提供者は，どの程度のコストで

114　5. 情報システムの投資効果

どの程度の品質を提供できるのかについて情報を開示する。サービス利用者は，情報システムの品質の変化が自分たちの業務にどの程度の影響を与えるかを明示する。これらの情報を双方が共有して，適切な指標やその目標数値を決定する。

図5.8にサービスレベル策定ステップを示す。

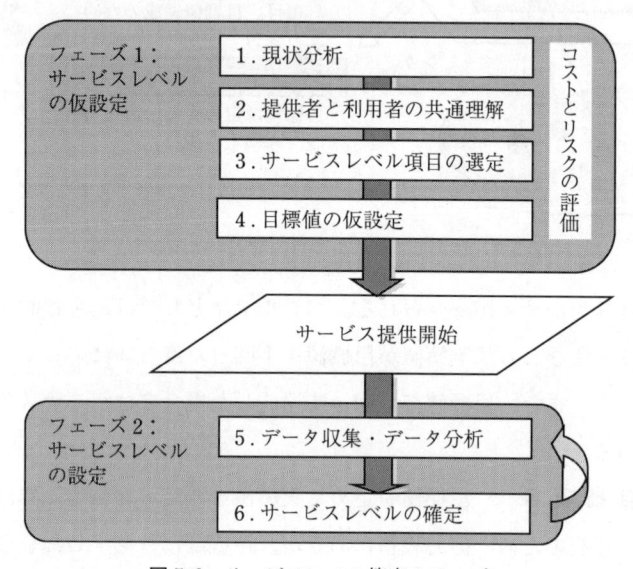

```
フェーズ1：              1. 現状分析                    コ
サービスレベル                                         ス
の仮設定         2. 提供者と利用者の共通理解            ト
                                                      と
                 3. サービスレベル項目の選定            リ
                                                      ス
                 4. 目標値の仮設定                     ク
                                                      の
                                                      評
                       サービス提供開始                 価

フェーズ2：
サービスレベル    5. データ収集・データ分析
の設定
                 6. サービスレベルの確定
```

図5.8　サービスレベル策定ステップ

（1）**現 状 分 析**　サービス提供者がサービス利用者に対してすでに定期報告している内容，サービス提供者が管理している稼働情報，現行の情報システムで採取しているデータや採取可能なデータなどについて調査する。

（2）**サービス提供者とサービス利用者の共通理解**　サービス利用者の業務プロセスと，その業務プロセス遂行のためにサービス提供者が提供しているサービスを整理する。さらに，各サービスで重視するポイントを明らかにする。

（3）**サービスレベル項目の選定**　上記の重視ポイントを評価するにふさわしいサービスレベル項目を選定して，その評価尺度を定義する。また，各項

目の管理レベルを決定する。

（4）**目標値の仮設定**　各サービスレベル項目に対して，その管理コストと，ある目標数値に対してそれを達成するために必要なコスト，達成できなかったときのリスクなどを把握する。そのうえで，目標値を仮設定する。

（5）**データ収集・データ分析**　必要に応じて，データを収集するための仕掛けを構築して，サービスレベルの評価に必要なデータを収集する。そして，各サービスレベル項目の現行の値を算出して，レポートの試行版を作成する。

（6）**サービスレベルの確定**　上記の実測値と，目標値や設計値との比較をベースに，最終的なサービスレベルを設定する。

なお，SLA は一度決めたらそれをずっと維持するというものではない。時間の経過とともに，利用者の要求水準や，市場，テクノロジーなどが変化する。そこで，サービス提供者とサービス利用者の間で定期的なレビューを実施して，SLA を適宜見直していくことが重要である。

例えば，あるサービスレベル項目に対して，まずは，測定項目からスタートする。そして，1年間程度の実績値を蓄えて，情報システム部門と利用部門双方が現状のサービスレベルに対する共通認識をもったうえで，目標項目に格上げして，目標値を決める。その目標値も状況に応じて変えていく。

このように，SLA を通じて，情報システム部門と利用部門が情報システムのあるべき姿を議論することが可能となる。言い換えれば，SLA は情報システム部門と利用部門のコミュニケーション言語であるといえる。

5.4　情報システムの効果阻害要因の分析

5.4.1　情報システム活用の阻害要因

情報システムを導入しても十分な効果が出ていないという印象をもっている経営者は少なくない。2003 年に経済産業省が発表した「情報経済アウトルック」によると，情報技術を有効に活用できる経営に達していない企業が約 8 割

にも及ぶという。

本章で繰り返し述べているように，情報システムを導入しただけでは効果は期待できない。逆にいえば，十分な効果を出すためには，考慮すべき点が少なくない。

情報システムが効果を生むための構造を図5.9に示す。情報システムは構築しただけでは無用の長物であり，利用者とのインタラクションによって，はじめて業務遂行という効果が生まれる。それと同時に，そこには必ずなんらかの情報が生み出される。その情報を介在して，複数の業務が結びつくことにより，一つのビジネスが形成される。また，全体を下支えする情報システム部門が存在する。

ある一つの情報に着目したときに，ビジネスとの結びつきが強くなれば，それを生み出した業務の遂行がビジネス上の効果を生む源泉になる。逆にいえば，上記で述べた連鎖に弱いところが存在すれば，それが情報システムの効果を阻害する要因になる。具体的には，情報化投資の効果を阻害する要因として，（1）情報のビジネスインパクト，（2）情報システムの業務貢献度，（3）利用者の特性，（4）情報システム部門のサポート態勢が挙げられる。

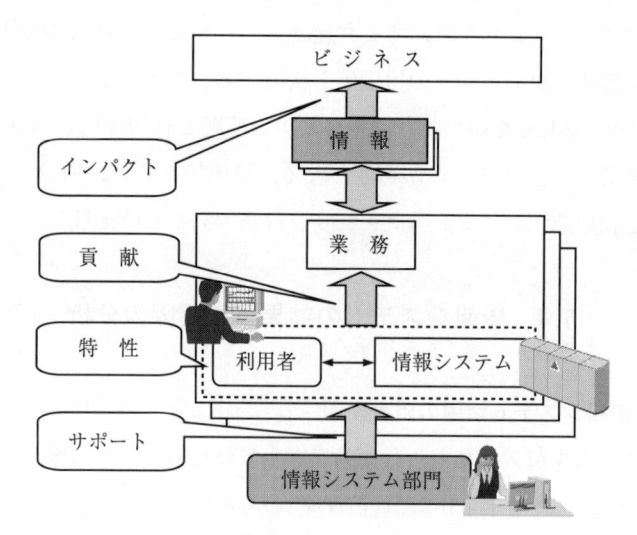

図5.9　情報システムの効果の構造

(1) 情報のビジネスインパクト　情報システムを活用して業務を遂行した結果として生み出される情報が，ビジネス全体から見て価値が低ければ，どんなに情報システムの利用率が高くても，十分な効果は期待できない。情報のビジネスインパクトに問題があるケースとしては，インパクトが小さいケースと，マイナスのインパクトが大きいケースが考えられる。インパクトが小さいということは，その情報が情報システムを通じて得られなくてもビジネスにあまり差し支えないということを意味している。このような業務に対して過剰なシステムサポートをしても効果は薄い。一方，マイナスのインパクトとは，例えば，古い情報しか得られないために判断が鈍ったり，信憑性が疑わしい情報であるために誤りリスクを考慮する必要があったりするケースが挙げられる。これは，情報を提供する側と利用する側のミスマッチが根本原因である。本来必要とされている情報が情報システムに入力されていないことを意味しており，情報システムの見直し以前に，情報の入力から出力までの一連のプロセスの見直しが必要である。

(2) 情報システムの業務貢献度　投資対象が適正でも，その情報システムが実際の業務遂行に役立っていなければ，投資に見合う効果は得られない。情報システムの業務貢献度でも，情報のビジネスインパクトと同様に，量と質の二つの側面での問題が考えられる。すなわち，情報システムが業務遂行に貢献していない場合と，マイナスの貢献，すなわち悪影響を及ぼしている場合がある。情報システムが業務遂行に貢献していないケースでは，そのサポート対象業務であまり利用されていない，あるいは，使われているとしてもそのサポート範囲が限定的である。そのために，たとえ最新のITを駆使した情報システムだとしてもその効果は不十分であり，提供機能の見直しが必要である。また，悪影響を及ぼしているケースとしては，情報システムがしばしばダウンすることによって業務がストップしたり，システムのレスポンスタイムが遅いために業務効率が上がらないといった例がある。情報システムの品質が悪い場合には，システムの利用率が高ければ高いほど，その悪影響も大きくなる。

(3) 利用者の特性　利用者の情報システムに対する特性に問題がある

と，かりに現時点で問題が顕在化していなくても，将来にわたって継続的な効果を生むことはできない．ITが急速な進歩を遂げている一方で，ビジネス環境も刻々と変化している状況では，利用者の積極的な関与が有効な情報システムを実現するためには不可欠である．利用者の特性に問題があって，情報システムの効果が阻害されるケースには大きく二つある．ITを使いこなす能力（ITスキル）が欠如しているケースとITを業務に役立てていこうという思い（モチベーション）が欠如しているケースである．

（4）情報システム部門のサポート態勢　IT投資における利用者の積極的な関与は重要な要素ではあるが，彼らがITのエキスパートである必要はなく，情報システム部門が補うしくみが構築されていれば問題ない．さらに一歩進んで，情報システム部門が利用者のビジネスに積極的に関与していき，利用者と情報システム部門の良好な関係が築ければ，IT投資効果にも好影響が期待できる．逆に，情報システム部門のサポート態勢が不十分であると，情報システムの効果を阻害する．

5.4.2　阻害要因の分析

前述した効果阻害要因が実際に存在しているか否かを分析するためには，個別の情報システムやそのサポート業務ごとに，関係者に対してヒアリングやアンケートを行う．ここでは，その調査項目を概説する．

（1）要因1：情報のビジネスインパクトが小さい

情報システムを通じて得られる情報が業務やビジネスを遂行するうえで必要不可欠なものでなければ，インパクトは小さい．また，必要な情報であったとしても，それが必要な全体量のほんの一部にすぎなければ，やはりインパクトは小さい．さらに，代替の情報入手手段や，代用可能な情報が存在すれば，インパクトが小さくなる．以上，三つのいずれかに該当する場合，その情報を扱うシステムの価値は低くなる．そこで，情報の必要性，十分性，代替性を調査する．

5.4 情報システムの効果阻害要因の分析

（2） 要因2：マイナスのビジネスインパクトが大きい

情報の品質を左右する要素として，情報の正確さ，鮮度（どの程度新しい情報であるか），入手の即時性（欲しいときにすぐに入手できるか）がある。これらのいずれかに問題があると，たとえ有益な情報だとしても，ビジネス判断に悪影響を与えるので，各要素について調査する。

（3） 要因3：情報システムの業務貢献度が低い

基本的に，業務を遂行するうえでの情報システムのサポート範囲の広さと，そのサポート対象作業の業務全体から見た重要性を調査する。ここで注意しなければならないことは，サポート範囲が狭くても，その理由として，その業務が本質的にITによるサポートを必要としないケースもあるということである。したがって，単にサポート範囲が広いか狭いかではなく，本来サポート可能な範囲，あるいは，利用者が期待している範囲のどの程度をカバーしているかを調べる。

（4） 要因4：業務に対してマイナスの貢献度が大きい

利用者にとっての情報システムの品質は，基本的に，性能（レスポンスタイム），可用性，操作性に集約される。そこで，これらの要素が，業務にどの程度の影響を与えているかを調査する。また，そのほかの要因も考慮する意味で，システム全体としての品質に対する満足度もあわせて調査する。

（5） 要因5：利用者のITスキルが低い

一般のエンドユーザーが最新のITに通じている必要はなく，日々の業務で情報システムを利用していくうえで，必要十分な能力が備わっていれば十分である。そこで，システムの操作方法の習熟度とトラブル発生時の対応を調査する。

（6） 要因6：利用者のモチベーションが低い

第一に，ITを活用して自分の業務，ビジネスをより良くしていこうという意欲を利用者がもっているか否かが最大のポイントである。そして，そのためには，ITの技術動向や他社のIT活用事例などに関心をもつことも必要である。そこで，この二点を調査する。

(7) 要因7：情報システム部門のサポート態勢が不十分である

　情報システム部門では，さまざまなサポート業務，管理業務を行う必要がある。その一つひとつが十分に機能していなかったり，利用者の役に立っていなかったりすれば，IT投資の効果が阻害される。そこで，単にしっかりしたサポート組織が構成されているかどうかだけではなく，ユーザーにとって適切なサポートが行われているかどうかを主眼に，情報システム部門の業務を評価する。具体的には，障害対応，ユーザー教育，IT投資戦略立案，保守・運用，IT資産管理の充実度を調査する。

6

セキュリティとリスク管理，プライバシーと情報倫理

企業情報システムを構築・運用する際，あるいは利用する際に，情報セキュリティ，リスク管理，そしてプライバシーといった問題について十分に認識し，これらに関連する事故や犯罪を防止する有効な対策をとることが非常に重要になってきた。本章ではこれらの概念ならびに対策の現状について紹介する。

6.1 情報セキュリティ

コンピュータセキュリティ（computer security）とは，コンピュータが介在する情報システムにおけるすべてのコンピュータならびに情報の安全性を確保しようとする広範囲な概念である。工業化社会においては，価値の中心は財貨の生産と分配であった。これに対し，情報化社会においては，財貨自体は社会的前提の一つにすぎず，新たに情報そのものが価値をもつと認識されてきた。コンピュータシステムにおける究極の価値は情報にあるという認識に立って，災害など偶発的なものから，ハッカー（hacker，クラッカー（cracker）と呼ぶべきとの意見もある）に代表される悪意ある者による不正行為に至るさまざまな脅威に対して，情報を守り保護するための対策のことをセキュリティ対策と呼ぶ。

本節では，特に情報ネットワーク環境におけるセキュリティを中心に述べる。広義にはシステム監査もセキュリティ対策に含まれるが，本節では省略する。

6.1.1 情報化社会の脅威と脆弱性

（1）セキュリティの背景　コンピュータ犯罪は，コンピュータが本格的に使用され始めた1960年代からすでに報告されている。しかし，近年，高度ネットワーク社会の進展に及んで，その様相を大きく変えてきている。もともとコンピュータ犯罪は，その不可視性などのため検出困難であったが，インターネットの普及により，さらに，① 参加者の匿名性，② 監視を意識しない空間からのアクセス，という二つのネットワーク利用の特徴に起因する問題が発生している。

現在，全世界で数億人に及ぶ膨大な数の人々がインターネットを利用しており，インターネットと企業情報ネットワークや社会情報ネットワークが接続されることにより，その影響範囲は空間的に広がっている。特に，電子商取引や電子行政サービスの進展が進むにつれて，多くの業務がネットワーク上で行われるようになり，金額的な規模も広がっている。以上の状況からセキュリティ対策の重要性が増大している。

しかし一方で，さまざまな情報システムやアプリケーションが各地で開発されているため，総合的なセキュリティを実施していくことは困難となっており，セキュリティ対策が後手に回ることが多く見られる。コンピュータ犯罪の現状を見ると，コンピュータを利用している組織の管理はもちろん，社会的対策も真剣に考える時期にきている。

（2）コンピュータ犯罪の被害　コンピュータ犯罪とは，広義にはコンピュータシステムの機能を阻害し，またはこれを不正に使用するなどのコンピュータに関連した犯罪を指す。コンピュータ犯罪は，コンピュータシステムおよびネットワークの開発・運用から利用にわたるすべてのプロセスで発生し得る。

コンピュータ犯罪は，ネットワーク社会の進展とともに拡大してきた。米国でのセキュリティ関連被害総額は，CSI（Computer Security Institute，コンピュータセキュリティ研究所）とFBI（米国連邦捜査局）の推計によると，1996～1997年の1年間に約30％も増加した。その後も増加の一途をたどり，

各種セキュリティ対策への投資の効果が現れ始めた 2000 年ごろを境に，ようやく減少傾向となった。しかし，依然として甚大な被害を被っており，深刻な問題となっている。

（3）**セキュリティ上の脅威の分類**　情報ネットワーク社会におけるコンピュータ犯罪には，**図 6.1** に示すように，以下のものがある。

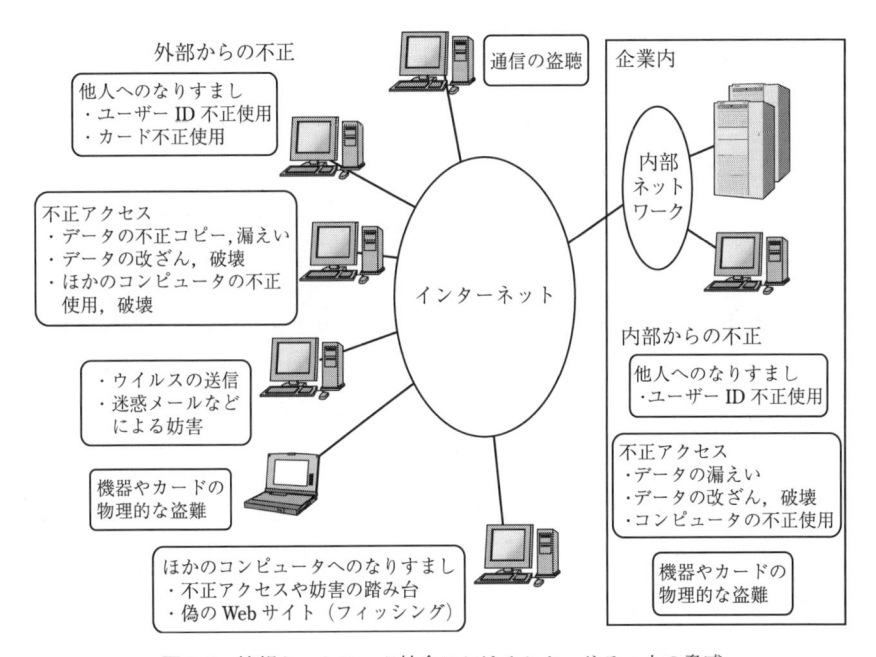

図 6.1　情報ネットワーク社会におけるセキュリティ上の脅威

① 通信の盗聴
② 他人へのなりすまし（ユーザー ID 不正使用，カード不正使用など）
③ データの漏えい，不正コピー，改ざん，破壊
④ ソフトウェア改ざん，破壊
⑤ コンピュータの不正使用（不正アクセス），破壊
⑥ ほかのコンピュータへの不要なメッセージ発信による運用妨害
⑦ ほかのコンピュータへのなりすまし

上記の不正行為とその内容を**表 6.1** にまとめた。

表6.1 不正行為の種類

不正行為	行為の内容
盗聴, 漏えい	ネットワークを流れるデータやコンピュータ内のデータの不正入手（盗み見，持ち出し）
改ざん	コンピュータに格納されたデータやプログラムの書換え
破壊, 妨害	・ファイル（データやプログラム）の消去やディスクの初期化 ・コンピュータに大量のデータを送信することによる運用妨害
なりすまし	別の個人になりすまし，その個人あるいはほかに被害を及ぼす
不正アクセス	使用が許可されていないコンピュータの不正な使用
不正プログラム埋め込み	知らない間にコンピュータ内の重要データを外部に送出したり，ファイルを破壊/書換えしたりする不正プログラムの埋め込み
踏み台	不正アクセスを行う際の中継場所として，他人のコンピュータを使用

（4） **セキュリティ侵害事例** 実際にセキュリティが侵害された事例を以下に紹介する。

・預金残高の改ざんによる不正送金：1995年ロシアのクラッカーが，米国の銀行から1 000万ドルの不正送金を行った。

・医療データ改ざんによる殺人事件：1995年オーストリアにおいて，病院職員が自己の勤務する病院のコンピュータにアクセスし，患者に投与すべき医薬データを改ざん。看護士が改ざんデータに基づいて投薬したため，患者が死亡した。

・顧客情報の漏えい：2004年に，日本の大手インターネットプロバイダー（接続事業者）から約460万人分の顧客情報が外部に流出する事件が起きた。原因はユーザーIDとパスワードの管理がずさんであったことで，このため，第三者が顧客情報に容易にアクセスできてしまったということである。

（5） **コンピュータウイルス** コンピュータウイルス（computer virus）は，コンピュータプログラムやデータに対して，意図的になんらかの被害を及ぼすように作られたプログラムであり，① 感染機能，② 潜伏機能，③ 発病

機能のうち，一つ以上を有するものをコンピュータウイルスと呼ぶ．コンピュータウイルスには，以下のタイプのものがある．

- ウイルス（virus）：ワープロソフトなどに寄生する
- ワーム（worm）：単独で自立して自己増殖する
- トロイの木馬（Trojan wooden horse）：有益なプログラムのふりをする

コンピュータウイルスが及ぼす被害には，**表 6.2** に示すように，ファイル，フォルダの削除・改ざん，コンピュータの起動不能化，遠隔からの不正アクセス，データの漏洩，ほかのコンピュータへの大量の通信アクセス攻撃などがある．

表 6.2　種々のコンピュータウイルス

ウイルスのタイプ	及ぼす被害の例	感染経路
・ウイルス…ワープロソフトなどに寄生 ・ワーム…単独で自立して自己増殖 ・トロイの木馬…有益なプログラムのふりをする	・ファイル，フォルダの削除 ・データの漏洩 ・Web ページの改ざん ・コンピュータが起動不能になる ・遠隔から不正アクセスされる ・ほかのコンピュータへの大量の通信アクセス攻撃	・フロッピィディスクなど ・電子メールのファイル添付機能やアドレス帳の悪用 ・Web ページ閲覧 ・ファイル交換ソフト ・OS のセキュリティホールを悪用し，ネットワークに接続しただけで感染

現在では，多くのコンピュータがネットワークにつながっているため，ネットワークを介して爆発的に感染が拡大する事態が起きている．電子メール機能の悪用によるもの，Web ページ閲覧によるもの，OS のセキュリティホール（security hole，セキュリティ面での抜け穴，脆弱性）を悪用したもの，などがある．

世界中には，1 万種以上のコンピュータウイルスが存在するといわれており，その数は年ごとに増加している．日本でも，コンピュータウイルスの被害は**図 6.2** に示すとおり急激に拡大してきている．コンピュータへのウイルス検出・駆除ソフトウェアの導入などにより，大半のウイルスからの感染を防止できるようになったが，ネットワークに接続されたすべてのコンピュータが，同レベルでの対策を施さないと十分な防御効果を発揮できないことに注意する必

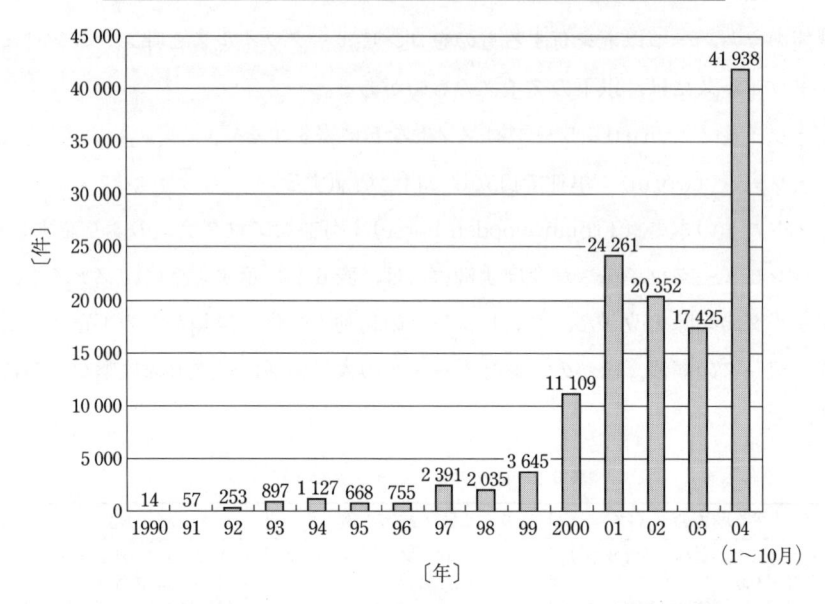

図 6.2 コンピュータウイルス届出件数の推移〔出典：情報処理推進機構セキュリティセンター（IPA/ISEC）〕

要がある。

6.1.2 コンピュータセキュリティの概念と対策

コンピュータセキュリティは，まず，ハードウェアなどへの物理的対象に関するセキュリティと，コンピュータ内の情報を対象としたセキュリティ（情報セキュリティ）に分けられる。後者の情報セキュリティの概念として，三つの要素が含まれる。

a) 機密性（confidentiality）：許可なく情報を開示しないこと，権限のないユーザーに情報を取得されないこと

b) 完全性（integrity）：どのような場合にも，情報の消去，改ざん，破壊などに対応できるようにすること

c) 可用性（availability）：情報を，必要なときに，いつでも使える状況に保つこと，そのような状況を確保すること

6.1 情報セキュリティ

情報セキュリティは，さらに，ネットワークセキュリティとデータベースセキュリティに分けられる。

（1） ネットワーク/インターネットのセキュリティ　ネットワークのセキュリティ対策は，大きく以下の二つに分けられる。

① アクセス制御（ユーザーIDとパスワードによる）や暗号化などの直接的対策

② セキュリティ監視，セキュリティ監査，そしてセキュリティ教育などの間接的対策

上記の基本的な対策のほかに，さらにアプリケーションを意識した以下のセキュリティ対策が必要となる。

① 基本サービスを安全に行うための機能の組込み

② インターネットを企業情報ネットワークに接続する際，企業情報ネットワークの安全性を保つための機能（後述するファイアウォールなどによる）の組込み

③ 応用サービス実現のための機能の組込み

（2） データベースセキュリティ　データベースのセキュリティは以下の二つに分類される。

① 悪意のないユーザープログラムのエラーに対するデータの完全性の保存

② 権限を付与されたユーザーのみのデータ参照，データ変更の保証

特に②は，悪意のあるアクセスや権限の付与されていないアクセスを拒否する機能によって実現される。その実現形態によって，アクセス制御，情報フロー制御，推論制御，暗号化に分類される。

図6.3に機密保護の対象となる代表的なデータ例を示す。

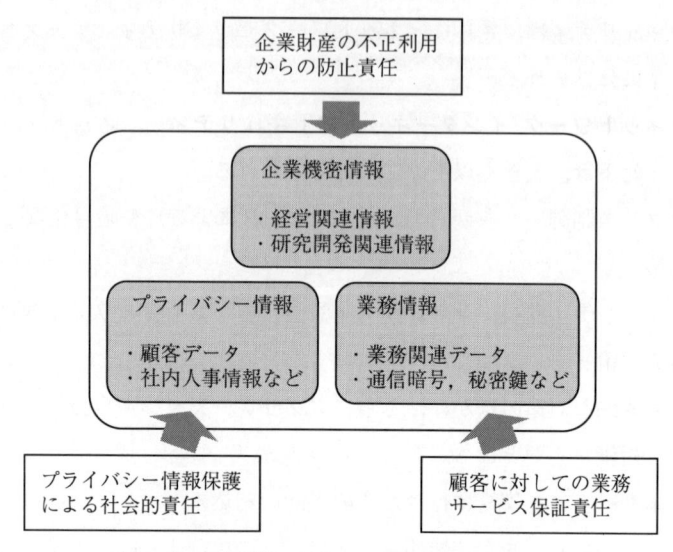

図 6.3 機密保護の対象となる代表的なデータ例

6.1.3 セキュリティ保護技術

表 6.3 に，各種の脅威の防止のための情報セキュリティ保護技術をまとめている．ファイアウォール，暗号化のほかに，電子署名・認証，電子透かしなどがある．

表 6.3 情報セキュリティ保護技術

セキュリティの脅威	情報セキュリティ技術
盗聴	通信路での暗号化，ファイルの暗号化
改ざん，事後の否認	ディジタル署名の付加（→ 電子認証）
鍵の盗難	ハード暗号，IC カード
なりすまし	生体認証，電子証明書（→ 電子認証）
著作権侵害	電子透かしの付加
不正アクセス	ファイアウォールの設置
システム全体の安全性	セキュアシステム構築技術

（1） **ファイアウォール**　ファイアウォール（fire wall，防火壁）の目的は，図 6.4 に示すように，チョーキング（choking，絞り込み）によるネット

6.1 情報セキュリティ   129

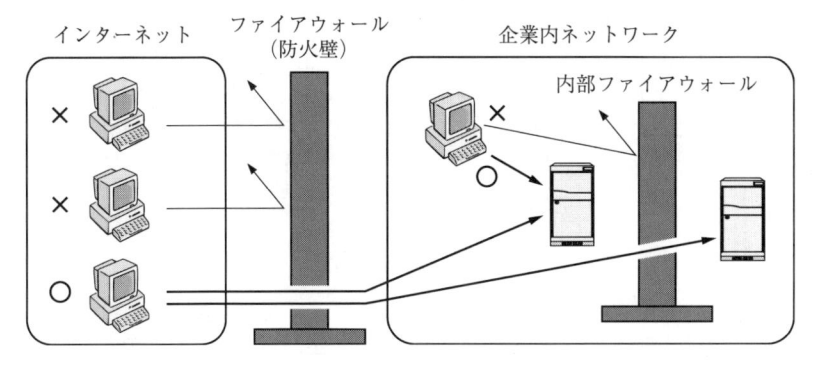

図6.4 ファイアウォールの目的

ワーク環境の集中監視とセキュリティ設定の容易化である。基本的には，企業内ネットワークと外部（インターネット）の間に設けるが，さらに企業内ネットワークの中のサブネットワーク間に設ける内部ファイアウォールもある。ファイアウォールを設けることにより，組織外からの意図的な破壊や侵入を阻止することができる。また，組織内からの不用意な情報の流出，流入の防止を図ることも可能となる。

（2）暗号化　暗号化（encryption）とは，ネットワークを通じて文書や画像などのデータをやり取りする際に，通信途中で第三者に盗み見られても悪用されないよう，ある規則に従ってデータを変換することをいう。暗号化ともとに戻す復号化には，暗号表に相当する鍵データが用いられる。共通鍵暗号（common key cryptsystem）と公開鍵暗号（public key cryptsystem）に大別される。図6.5に示すように，共通鍵暗号では暗号化と復号化に同じ鍵（秘密鍵）を用いるのに対し，公開鍵暗号では暗号化と復号化に異なる二つの鍵（公開鍵と秘密鍵）を用いる。共通鍵暗号と公開鍵暗号の比較を表6.4に示す。前者には米国政府標準のDES（data encryption standard）や，IDEA（international data encryption algorithm），FEAL（fast data encipherment algorithm），MISTY，MULTIなどがあり，後者にはRSA（Rivest Shamir Adleman），ElGamal暗号，楕円曲線暗号などがある。

送信者A　　　　　　　　　受信者B

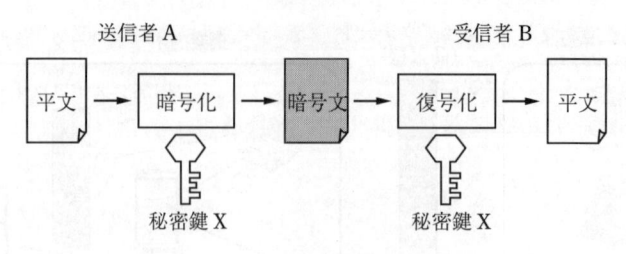

平文 → 暗号化 → 暗号文 → 復号化 → 平文
　　　　↑　　　　　　　　　　↑
　　　秘密鍵X　　　　　　　秘密鍵X

（a）共通鍵暗号

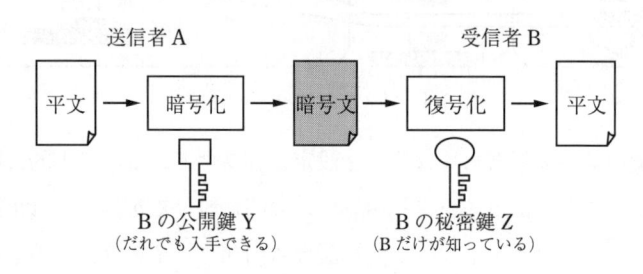

送信者A　　　　　　　　　受信者B

平文 → 暗号化 → 暗号文 → 復号化 → 平文
　　　　↑　　　　　　　　　　↑
　　Bの公開鍵Y　　　　　Bの秘密鍵Z
　（だれでも入手できる）　（Bだけが知っている）

（b）公開鍵暗号

図6.5　暗号方式の概要

表6.4　共通鍵暗号と公開鍵暗号の比較

	共通鍵暗号	公開鍵暗号
鍵の関係	暗号鍵 = 復号鍵	暗号鍵（公開）≠ 復号鍵（秘密）
秘密に保持すべき鍵	通信相手の数だけの鍵を管理する必要	相手が複数でも，自分の秘密鍵のみ管理すればよい
秘密鍵の配送の要否	通信相手ごとに秘密鍵を安全に配送する必要	不要（公開鍵の通知のみでよい）
処理速度	高速	低速
主要な用途	大量データの暗号化	ディジタル署名，鍵の配布
代表的な方式および製品	米国：DES 日本：MULTI，MISTY	米国：RSA 日本：ELCURVE

（3）電子署名（ディジタル署名）　ディジタル文書の正当性（正当な機関や人によって作成され，改ざんされていないこと）を保証するために文書に付加する情報を電子署名（electronic signature）またはディジタル署名と呼ぶ。電子的な印鑑と考えればよい。署名を付加する際に用いる暗号鍵データを

解読することができないよう考慮されており，現在，公開鍵暗号を採用した方式が広く利用されている。図 6.6 を用いてディジタル署名の流れを説明する。

① 送信者 A は，もとの文書（平文）にハッシュ関数（hash function）をかけ，ハッシュ値を得る。もとの文書が 1 文字でも変更されると，そのハッシュ値はまったく異なったものになる。
② A は，ハッシュ値を自分の秘密鍵で暗号化し，署名データを作成する。
③ そして，A は平文に署名データを添付して送信する。
④ 受信者 B は，受信した平文にハッシュ関数をかけハッシュ値を求める。
⑤ B は，署名データを送信者 A の公開鍵で復号化してハッシュ値を求める。
⑥ そして，B は④と⑤で求められた二つのハッシュ値を比較する。

この比較の結果，二つのハッシュ値が一致すれば，「公開鍵に対応する秘密鍵の持ち主によって暗号化されたこと」と，「データが改ざんされていないこと」が保証されるというしくみである。

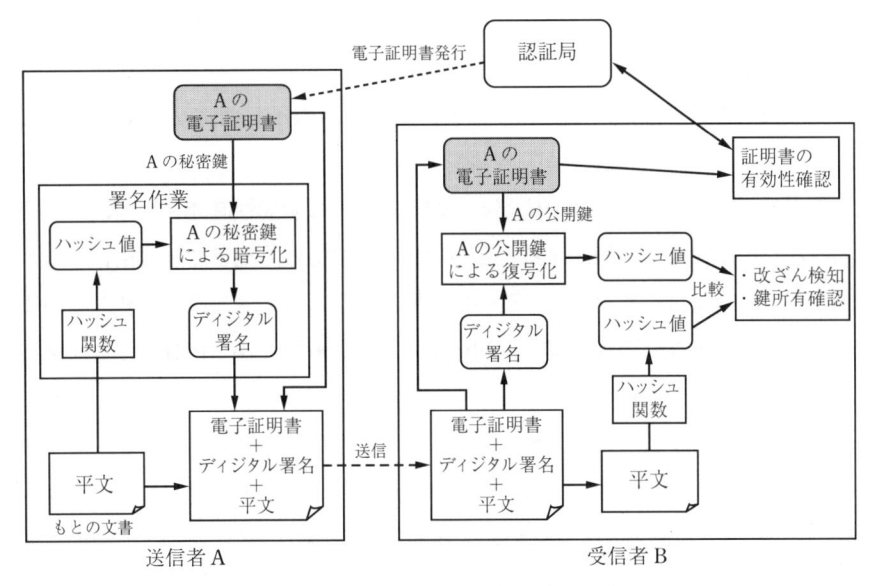

図 6.6 ディジタル署名と電子証明書による電子認証の流れ

（4）電子認証　（3）で述べた流れでは，受信した文書の正当性は保証されるが，なりすましや事後否認を完全に防ぐことができない。この問題を解決するために，秘密鍵と公開鍵が間違いなく送信者Aのものであることを，第三者である認証局（certificate authority：CA）が，「電子証明書」により証明する。このように，電子認証（electronic certification, あるいは electronic authentication）は，「電子署名」と「電子署名の証明」を組み合わせた技術である。同様に，図6.6を用いて電子認証の流れを説明する。

① 送信者Aは平文にハッシュ関数をかけハッシュ値を求める。
② Aは，ハッシュ値を自分の秘密鍵で暗号化して，署名データを作成する。
③ そして，Aは，平文に署名データと電子証明書を添付して送信する。
④ 受信者Bは，受信した平文にハッシュ関数をかけ，ハッシュ値を求める。
⑤ Bはまた，電子証明書から送信者Aの公開鍵を取り出して，署名データを復号化してハッシュ値を求める。
⑥ そしてBは，④と⑤で求められた二つのハッシュ値を比較する。

ここまでが電子署名とその検証作業である。

⑦ 続いて，Bは，認証局にアクセスし，Aの電子証明書が信用できるものか（失効していないか）を確認する。

以上のように，電子署名の検証と，電子証明書の有効性確認により，電子署名されたことを確実に確認することができるのである。電子認証技術は，わが国が進める電子行政サービス実現の基盤技術となっている。電子入札などの業務が，このような公開鍵基盤（public key infrastructure：PKI）の上に構築されている。

（5）生体認証　本人を認証するための技術として，従来から，ユーザーIDとパスワードの組合せや，ICカードが利用されてきたが，近年，指紋や瞳のパターン，あるいは顔画像などを用いて本人認証を行う生体認証（biometrics authentication）技術が実用化されつつある。

（6）電子透かし　ディジタルデータは，簡単に複製ができ，複製後も劣化しないという優れた特徴をもつ。反面，情報漏えい防止や著作権保護の見地

からは大きな問題である。このような背景から，おもに著作権保護を目的とした電子透かし（electronic watermark）技術が注目を浴びてきた。これは，画像や音楽データに，人間が知覚できない程度に透かし情報（著作者名などの情報を含む）を埋め込む技術をいう。

6.1.4 セキュリティコントロール

米国のCSIとFBIが，米国の企業，政府機関，金融機関，医療機関，大学のコンピュータセキュリティ担当者を対象に，共同で実施したアンケート調査によると，2003年のセキュリティ関連犯罪（サイバー犯罪）の被害総額は1億4000万ドルにのぼることが明らかになった（回答者494人）。種々のセキュリティ対策や投資が奏功し始め，前年度の2億ドル（回答者530人）と比べて大幅に減少し，3年連続で低下傾向にある。しかし，依然として深刻な被害を被っていることに変わりはなく，引き続き十分な警戒が必要である。また，日本においても，日本ネットワークセキュリティ協会の推定では，2003年で推定4兆3700億円のウイルス被害があったとされている。

（1） セキュリティ対策を行う組織　セキュリティ対策は，利用者組織，公的機関，第三者機関の三つの組織の密な協力の中で進められる。公的機関としては下記のようなものがある。

- 日本：JPCERT/CC，警察庁ネットワークセキュリティ対策室，IPA/ISEC（情報処理推進機構セキュリティセンター）
- 米国：CERT/CC
- オーストラリア：AUSCERT

（2） 高セキュリティシステム構築　セキュアなシステムを構築するためには，最初にセキュリティポリシーを明確にし，それに基づいてリスク，セキュリティ要因を洗い出し，それに基づいてシステムの概念設計を行うことが必要である。セキュリティポリシーの作成は，図6.7に示すように

① 保護すべきデータを明らかにする

② 保護データの生成から削除までのライフサイクルと処理フローを明確に

6. セキュリティとリスク管理，プライバシーと情報倫理

```
┌─────────────────────────┐
│ 社内の機密データの洗い出し │
└─────────────────────────┘
            ↓
┌─────────────────────────┐    対象データのライフサイクル：
│ データ別処理フローの明確化 │     （1）生成，（2）加工，（3）保管，
└─────────────────────────┘     （4）転送，（5）表示・印字
            ↓
┌─────────────────────────┐    漏えい，改ざん，破壊，拒否，
│ データへの脅威の洗い出し   │    ユーザーの認証方法など
└─────────────────────────┘
            ↓
┌─────────────────────────┐
│ セキュリティポリシーの策定 │
└─────────────────────────┘
```

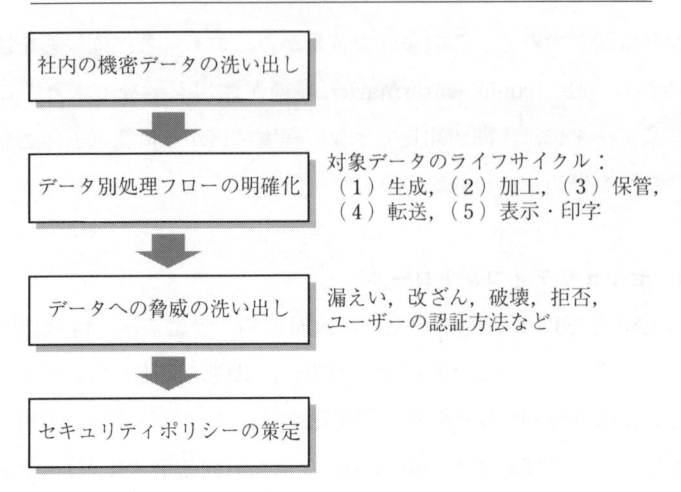

図 6.7 セキュリティポリシー策定の手順

する

③ 潜在的脅威に対する対策・ポリシーを作成する

という過程で行われる。

6.2 リスク管理

6.2.1 リスク管理の背景とリスクの区分

変化が激しく，かつ先行きが不透明な時代では，不確実な状況下でタイムリーな意思決定を行う必要がある。このような状況においては，確実な方策はあり得ないから，リスクを予測して，その対応を検討する必要がある。以下では，リスク管理（risk management）すなわち，リスクの系統的把握と対応方法について述べる。

不確実の時代には，企業発展の不可欠要素である経営管理の要請，つまり厳しい経営環境下で成長発展を遂げ，経営合理化を追求するとともに，社会が要請する企業責任をまっとうすることが困難となっている。そこで，企業は，政治，経済，社会，技術の環境の中で，さまざまなリスクを回避し，チャンスをつかむために，予測し，計画を練って戦略を策定・執行し，これを評価すると

6.2 リスク管理

いう循環行動を継続的に展開しなければならない．特にグローバルかつスピーディにビジネスを展開する場合には，リスクは必ず伴うといってよい．

リスクとは，損失を発生させる不確実性といえる．リスクに対応するためには，まずリスクが発生する可能性を検出しなければならない．そのためにも，リスクの種類を知っておくことは必須である．一般に，企業が抱えるリスクは，以下のように多岐にわたっている．

① 災害リスク：地震や火災により工場や施設が直接的な被害を受けるなど
② 労務リスク：勤務中の従業員が災害などの被害を受けるなど
③ 営業リスク（製品リスク）：製品の故障や不良のため顧客に損害を与えてしまう，災害のために結果的に取引先に損害を与えてしまう，多額の資金を投入して開発・製造・販売した期待の新製品の売上げが伸びず資金を回収できないなど
④ 法務リスク：顧客などから損害賠償請求問題で訴訟されるなど
⑤ 財務リスク：災害のため取引先から手形を落とせなくなる，赤字に転落してしまうなど
⑥ 評判リスク：事故や過失の事態への対応を誤ったために評価を下げてしまうなど

また，これらは単独に起きるのではなく，複合的にからみ合っている．上記の中で，対象を情報システムに限定して詳細に見た場合に想定されるリスクは，表6.5に示すように

- 災害によるリスク：偶発的
- 故障によるリスク：偶発的（災害リスクや営業リスクに類似）

表6.5　情報システムへのリスクの種類

大分類	小分類	例
偶発的	災害	暴風，地震，火災，洪水，落雷，停電，漏水，動物害，電磁障害
	故障	機器故障，ネットワーク障害，システムソフトウェアエラー
	過失	操作ミス，点検・修理ミス，入力ミス，プログラムエラー
意図的	故意	施設・機器の破壊，プログラムやデータの破壊・改ざん，コンピュータ資源の目的外使用，データやプログラムの持ち出し，プライバシー侵害

- 過失によるリスク：偶発的（営業リスクに類似）
- 故意によるリスク：意図的（災害リスクや営業リスクに類似）

がある。

リスク管理を行うためには，さらにリスクをその性質により分類し，性質に応じた管理手法を適用していくことが重要である．通常，リスクは大きく**表6.6**に示すように分類される．

a) 純粋リスク（pure risk）：それが現実化した場合には損害のみを発生させる可能性のリスク．この例として，災害，停電，戦争，テロ，脅迫，誘拐などが挙げられる．これらのリスクの多くは保険でカバーできるのが特徴である．

b) 投機的リスク（speculative risk）：利益の獲得を目指す活動で生じるリスクであり，損失と利益の両方を発生させる可能性がある．この例として，財務的な投機がまず思い浮かぶが，広い意味で積極的な経営活動自体にかかわるリスクである．新規市場参入，研究開発，経営合理化などに伴うリスクなどが相当する．

表6.6 リスクの区分と概要

	純粋リスク	投機的リスク
特性	損失発生の可能性のみが存在	利益発生の可能性の裏返しとして損失発生の可能性が存在
原因	火災，爆発，風水害など自然科学現象	政治的，経済的，社会的な変動
例	・火災，爆発，地震，風水害 ・盗難，詐欺 ・不注意，過失 ・交通事故，労災害	・景気の変動 ・政府の政策転換 ・嗜好や流行の変化 ・産業構造の変化や技術革新
特徴	・統計的把握や予測が容易 ・自然科学的対策で減少が可能 ・損失のみ発生	・統計的把握や予測が困難 ・自然科学的対策が困難 ・損失を被る場合と利益を得る場合がある

6.2.2 リスク管理とその手法

リスク管理は，保険の購入などよりはるかに範囲が広いもので，潜在的な財

産，賠償責任および人的な損失にさらされる危険の確認・測定と，これらの危険の最適な処理を指す．リスク管理のためには，ある程度までのリスクを受け入れるという考え方を明確に打ち出す必要がある．なぜなら，すべてのリスクを回避することは不可能であり，かりに可能であったとしても実行することが経済的に見合わないからである．

リスク管理は図6.8に示すように，計画（plan），執行（do），評価（see）の三つのプロセスサイクルからなる．それぞれの概要を表6.7に示す．

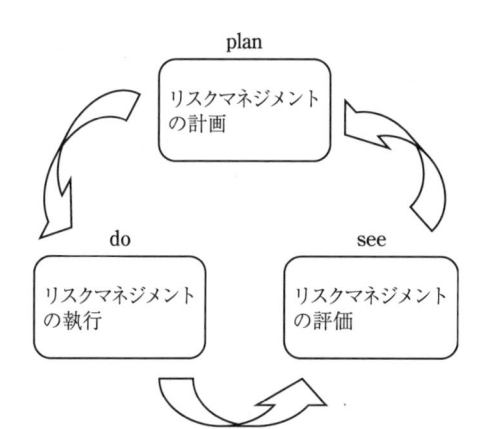

図6.8 リスクマネジメントのサイクル

（1）計　　画　この段階では，リスクの存在とその範囲をまず認識する．続いて洗い出したリスクの調査と規模の予測を行う．最後にそれぞれのリスクについて適切と思われる処理方法を決定する．

（2）執　　行　ここでは計画段階で決定したリスクの処理方法が，戦略レベル，技術レベル，人的・組織的レベルの三つのレベルで実行される．リスクの処理方法は，リスクコントロールとリスクファイナンシングに分かれる．前者は，リスクに対して人的・技術的・物理的・環境的な対策により，発生を抑制したり損失を軽減させたりすることをいう．一方，後者は，リスクが顕在化して損失が発生した場合に備えて，損失の補塡や対応費用を確保しておくことをいう．代表的な処理方法として以下のものがある．

（a）リスクコントロール

表6.7 リスクマネジメントの手法

フェーズ	管理運用項目	概要
計画 (plan)	リスクの存在と範囲・規模の分析	・リスクの洗い出し ・リスク分析 ・リスクの変動調査
	リスク予測	・過去のデータの検討 ・過去の状況の調査 ・リスク負担の分析 ・リスクの予測
	リスク処理方法の選択	・戦略的方法の選択 ・技術的方法の選択 ・組織的・労務的方法の選択
執行 (do)	戦略的方法の執行	・リスクの回避 ・リスクの軽減 ・リスクの分離・分散 ・リスクの組合せ ・リスクの移転
	技術的方法の執行	・損失頻度の減少 ・損失規模の減少
	組織的・労務的方法の執行	・教育訓練 ・安全対策 ・定期検査・保守
評価 (see)	評価基準設定	・評価項目設定 ・評価基準設定 ・選択基準設定
	有効性と適合性評価	・対外性評価 ・対内性評価

① リスクの回避：リスクに関連する行為自体を行わないようにする（例：事業からの撤退，業務の外部委託中止，一部サービスの停止）。

② 頻度の減少：発生確率をできるだけ小さくしようとする（例：設備の定期点検，誤操作防止のための要員教育強化，情報システムへの誤操作防止機能の組込み，情報システムの稼働状況監視，セキュリティ対策推進）。

③ リスクの軽減：リスクが現実化した場合の損失（影響の大きさ）をできるだけ少なくしようとする（例：建物の防振構造化などの防災投資，ネットワークの二重化，コンピュータセンターの東京・大阪への設置による相互バックアップ体制）。

④ リスクの分離・分散：リスクを1か所に集中させず分離・分散することでリスクを小さくしようとする（例：生産拠点や物流拠点の複数化，分散コンピュータシステム構成の採用）。

⑤ リスクの組合せ：特性の異なる複数のリスクを組み合わせること（ポートフォリオ戦略）により発生や損失を小さくしようとする（例：多業種での事業展開，資産の分散投資）。

（b） リスクファイナンシング

⑥ リスクの移転：保障や保険などの契約を利用してリスクをほかに転嫁する（例：損害補償や災害保険の契約，情報システム運用のアウトソーシング契約）。

⑦ リスクの保有：損失の補塡や対応費用を準備金として確保する。

（3）**評　　価**　この段階では，評価基準を設定してリスク管理の精緻化を行う。特に，対外性，対内性の二面から有効性と適合性を評価する。評価結果は，図6.8に示したようにつぎの計画に反映される。

6.3　プライバシーと倫理問題

「コンピュータどうしが接続されて話をするようになると，コンピュータはわれわれの一人ひとりに関して山ほどのデータを吐き出し，情報にアクセスしうることのできる人の前でわれわれを裸にしてしまう」（ウォルター・クロンカイト）。情報化社会では，「私生活上の自由」が知らない間に奪われる危険性も高く，人々の不安をかき立てている。本節では，プライバシー（privacy）問題と対策の現状について述べる。

6.3.1　プライバシーの概念

プライバシーの概念はきわめてあいまいで，人により異なる意味をもちがちである。法律学や社会学では，「プライバシー権の基本的属性は，自分に関する情報がむやみに外部に出回ることを統制する能力」と結論付けている。

プライバシーという概念は，法律上ではあまり長い歴史もなく，また明確に認知されてきたわけでもない。プライバシーに関して関心が増加したのは，都市化の現象が顕著になった時代である。およそ，プライバシーの概念は，以下の3段階を経て変化してきている。

a) 第1段階：領域的な概念段階。「わが家は城」という言葉で象徴される段階である。「ひとりにしてもらう権利」といえる。

b) 第2段階：第1段階の拡張としての概念で，個人財産保証と同様の保護を与える段階である。

c) 第3段階：「情報のプライバシー」という言葉に象徴されるように，空間には関係なく，個人情報は個人の財産であり，それがなにに用いられるか，だれに使用されるか，を問い合わせる権利を与える。「個人や組織が，自身に関する情報を，だれに，どういう方法で，どの程度まで伝えるか，を自らが決める権利」といえる。

6.3.2 情報化社会のプライバシー問題

（1）　プライバシー問題の背景　　最近に至るまで，情報面でのプライバシー保護は比較的容易であった。これは，以下の理由による。

① 伝統的に個人情報が大量に収集されることはなかった。
② 利用できる情報も，一般には広範囲に分散された形で保持されていた。
③ 利用できる個人情報も表面的であったり，保守が不十分で役に立たなかったりすることが多かった。
④ 利用可能な情報も，容易にアクセスできないようになっていた。あるいは，普通の人は，そこからさらに情報を引き出す能力をもたなかった。
⑤ 移動の激しい社会では，同一人物の追跡は困難であった。

しかし，高度情報化社会では，状況が一変しつつある。すなわち

① 消費者や企業の従業員などコミュニケーションを行う人々の日常の足跡が，電子メディアに残す足跡をたどることによって容易に把握できるようになった。しかも，こうした作業を一つの場所で行うことが可能になった。

② 別々のデータベースに保存されている情報を統合し，それらを分類，分析することが容易になった。
③ その結果，総合的な電子データに基づいた個人のプロフィールやデータイメージを作成することが容易になった。

現状では，ある会社が作成した名簿や取引データを他社に販売するケースも出てきている。また，詳細な個人情報を利用して，他人の行動を監視することが可能となりつつある。

（2） **個人情報の保有**　コンピュータ上に個人情報を最も多く保有するのは，国や地方自治体，あるいは事業の性格上から，電話，電気，ガスなどの公共的企業である。また信用情報や顧客情報として個人情報の蓄積を進めている民間企業がある。例えば，病院，通信販売会社，金融機関などがこれにあたる。

国の機関における個人情報の蓄積は，納税，年金，雇用保険などがある，その数は数十億件にも達する。国の行う調査としては，10年ごとに行われる国勢調査がある。ここでは，プライバシーとの関係から，調査対象項目を再検討したり，個人を特定できないように500mメッシュ単位で集計したりするなどの工夫がされている。また，地方自治体では，住民台帳・税務・病院などの個人情報を蓄積しており，日常的な行政サービスに活用している。

民間企業では，近年リテール戦略強化のために，個人情報の収集が盛んである。今後，電子商取引の普及に伴い，さらにこの傾向は加速されると思われる。そこでのプライバシー保護はより大きな問題になると思われる。

（3） **プライバシー情報の運用**　プライバシーは，単に情報を秘密にしておけば済む問題ではない。個人情報を単にある特定の目的のため，ある人の利用に供したからといって，その情報を管理する権利を放棄したとはみなされない。この権利のもつ唯一の制限は，公共の福祉と安全実施のために情報を提供しなければならない「社会権」と，この個人の権利とのバランスにより生じるものである。プライバシーは最優先すべき概念である。しかし，ほかの価値観とのバランスを保たなくてはいけない。例えば，消費者はクレジットカードを利用した買物の場合など，経済的利益のためにプライバシーを利便性と交換す

ることもある。政府が効率良く機能するためには，課税，運転免許，ヘルスケアなどのために個人情報を必要とする。また，プライバシーが法の執行や公共の安全のために公に認められている原則と対立する場合もある。例えば，検閲と表現の自由はプライバシーに関連した二つの概念である。

6.3.3 プライバシー侵害と事例，倫理面からの課題

（1）プライバシー侵害の類型　プライバシー侵害の類型を表6.8に示す。大きくは，以下のように分けられる。

① 個人の利益のため，他人の名前などを利用すること（盗用・濫用）
② 他人の隠遁や孤独な生活やプライバシーへの侵入（侵害）
③ 他人に知られたくない個人的な事柄の発表（暴露）
④ その人物に関する大衆の誤解を招くような広告を行うこと（誤解）

表6.8　プライバシー侵害の類型

タイプ	概要
盗用・濫用	氏名など私的な情報を他人の利益のために利用すること
侵入・侵害	個人の私事への侵入
私事の公開	他人に知られたくない事実を公開すること
公衆の誤解	事実の公開により公衆が個人を誤認・誤解すること

（2）倫理面からの課題　プライバシーに関しては，さらに自己の情報プロフィールの正確性に関する統制力喪失という問題がある。つまり，個人情報がいったんコンピュータのファイルに入れられると，その情報を扱う人間の誤りにより個人に被害が及ぶ可能性もある。管理者や情報取扱者が個人データを含む記録の中に，不注意あるいは意図的に誤りを持ち込むことがある。また，広域な情報源から情報を集めて一本化した場合，関連面で見た不正確さが残ったり問題が生じることがある。個人についての生データが評価されないまま記録されているときに，その人の信用を損なうような解釈がなされることもある。こうした個人データの扱いに関して，当人の統制はまったく利かない状態になりつつある。

6.3.4 プライバシー保護の法律

長年にわたって各国政府はプライバシー保護のための対策をとってきている。1980年には，経済協力開発機構（Organization for Economic Cooperation and Development：OECD）が個人情報の保護を支援するための指針を示した。指針に盛り込まれた原則は，通常「公正な情報慣行の基準」（code of fair information practice：FIP）と呼ばれ，世界のプライバシー保護法の基礎となっている。

プライバシー保護対策としては，プライバシー保護の原則の明確化，プライバシー保護の法制化，個人データ・セキュリティ対策，個人データの正確性保護の四つが進められている。

プライバシー保護の原則については，1980年にOECDが「プライバシー保護と個人データの国際流通についてのガイドラインに関するOECD理事会勧告」という形で，表6.9にあるような「8原則」を，加盟国がプライバシー保

表6.9 プライバシー保護ガイドラインの8原則（OECD理事会勧告）

1. 収集制限の原則（collection limitation principle）
   法律に従って公正な方法で，必要な場合には本人の同意を得て，個人情報を収集する。
2. データ品質の原則（data quality principle）
   個人データは，利用目的に照らし合わせて，正確，完全，最新に保つ。
3. 目的明確化の原則（purpose specification principle）
   個人データの利用目的は収集に先立って明確にし，目的外には利用しない。
4. 利用制限の原則（use limitation principle）
   本人の同意がある場合または法律の規定による場合以外は，データを目的外に利用しない。
5. 安全保護の原則（security safeguards principle）
   個人データを，紛失，不正アクセス，破壊，改ざん，漏えい，等から保護する対策をとる。
6. 公開の原則（openness principle）
   個人データ取扱いのポリシー，データの存在と利用目的，およびデータ管理者を公開する。
7. 個人参加の原則（individual participation principle）
   本人は，データの存在の有無を知る権利をもち，データの削除や修正を要求できる。
8. 責任の原則（accountability principle）
   個人データ管理者は1.～7.の原則に責任をもつ。

護の法制化を進める際に準拠すべきものとして示した。

OECD 加盟国のうち，これまでに，29 か国（オーストラリア，オーストリア，ベルギー，カナダ，チェコ，デンマーク，フィンランド，フランス，ドイツ，ギリシャ，ハンガリー，アイスランド，アイルランド，イタリア，日本，韓国，ルクセンブルグ，メキシコ，オランダ，ニュージーランド，ノルウェー，ポーランド，ポルトガル，スペイン，スウェーデン，スイス，トルコ，イギリス，米国）が，公的部門あるいは民間部門を対象としたプライバシー関連の法律を制定している。

日本では，1988 年にまず公的部門を対象とした「行政機関の保有する電子計算機処理に係る個人情報の保護に関する法律」が制定された。そして，2003 年 5 月に「個人情報の保護に関する法律」が制定され，2005 年 4 月に施行された。制定の目的は，「高度情報通信社会の進展に伴い個人情報の利用が著しく拡大している状況の中で，個人情報の有用性に配慮しつつ，個人の権利利益を保護する」ことである。この法律により，個人情報をコントロールする権利が本人に帰属することが保障され，企業が個人情報を取り扱う際には利用目的の公表と目的外での利用禁止が義務付けられる。施行後は，これまで見過ごされてきた以下のような行為は違法となる。

- 金融機関や通信販売会社などのコールセンターの従業員が，個人情報について問い合わせる場合に，利用目的以外の問合せを行うこと。
- 会社のある部署が収集・保有している個人データを，本人の同意なしに別の部署がほかの目的に利用すること。
- いわゆる「名簿業者」から個人データを購入して自己の目的のために利用すること。
- 会社が保有する個人データの存在の有無や取扱いポリシーを外部に隠すこと。

6.3.5　プライバシー保護技術

プライバシー保護の法律が施行されるなど状況が変化している中で，企業側

でも新しい状況への対応を迫られている。プライバシー保護を徹底するための対策にはつぎのものがある。

① 従業員へのセキュリティ教育およびプライバシー教育の徹底。
② 盗聴，不正アクセス，データ改ざん・漏えいなどを防止するための，暗号化や電子署名付加など，一般的なセキュリティ関連技術の導入。
③ プライバシー保護の目的に特化したプライバシー保護技術の導入。

ここでは，③のプライバシー保護技術について述べる。

プライバシー保護技術とは，情報システムの中に，企業が定めた個人データ取扱いについてのポリシーに準拠した個人データ保護対策を組み込むという考え方に基づく技術の総称である。例えば，以下のような技術がある。

a) 本人性の認証と属性の認証を区別する手法：個人の属性には，名前，性別，年齢，住所，職業，年収，趣味など多様なものがある。属性には，行政機関や会社などが認定する「認定属性」と，個人が自由に決めることができる「任意属性」とがある。そこで，本人性の認証と属性の認証を区別することで，本人を証明したい場合に必要な属性情報だけを外部に出すことができる。

b) 個人データのアクセス管理技術：例えば，CRMシステムには大量の顧客情報が収集・蓄積されている。これまでは，システムの利用者は，ユーザーIDとパスワードの発行を受ければ，顧客情報を格納したDBに自由にアクセスできた。しかし，個人情報保護法が施行されれば，むやみに顧客情報を利用することはできなくなる。これに対し，**図6.9**に示すように，顧客（情報の所有者）の同意を得た「個人データ取扱いのポリシー」を，システム内にあらかじめ登録しておく。そして，CRMシステムの利用者が顧客情報にアクセスしようとした場合には，「どの利用者」が「どの顧客」の「どの属性」の情報に「どんな目的」でアクセスしようとしているかという情報と，登録されているポリシーとを照合することにより，当該情報へのアクセスを許すかどうかを判定する機能をCRMシステムのDBアクセス部分に組み込む。

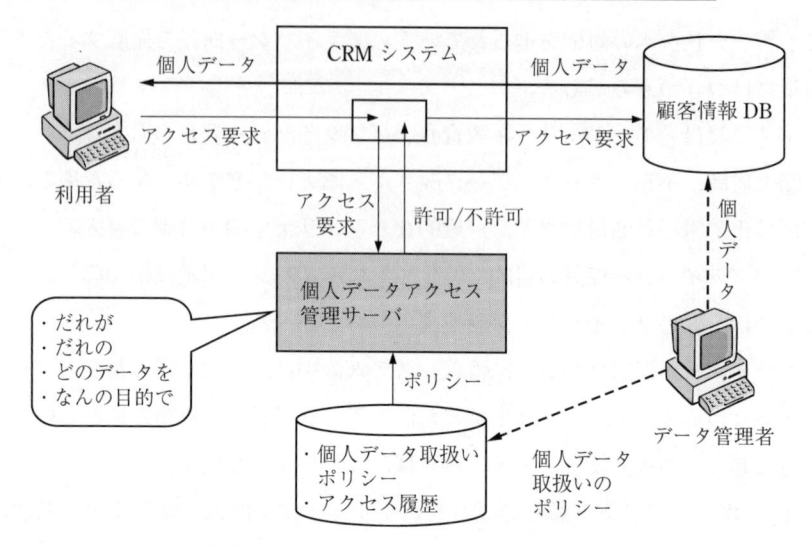

図6.9 個人データのアクセス管理技術の例

6.3.6 倫理問題

情報技術をビジネスで利用する人と一般のコンピュータ利用者にとって，情報技術に関する倫理問題は，いまだ不明確な概念である．両者が抱いている倫理問題としては，例えば以下のようなものがある．

- 個人情報をコンピュータに蓄積・保管する行為は，プライバシー侵害に該当するか．
- 個人は，サイバースペース（cyberspace）の中でどの程度守られるべきか．
- ハッカー行為は単なる遊びと見るべきか，それとも強盗や偽造，窃盗に相当する犯罪と考えるべきか．
- コンピュータに不慣れな者に対するコンピュータシステム販売，あるいはコンピュータ利用方法の説明の際，コンピュータの専門家がコンピュータの能力について間違った主張をすることが許されるか．

こうした倫理上の課題が起こるのは，以下の理由による．

（1）情報技術あるいはコンピュータ自体が比較的新しい，開かれた分野であること．したがって，拘束力のある道徳ないし倫理を確立する時間や組織が

発達していない。これに対して，医師や法律家のような職業では，文字どおり長い時間をかけて，行動規範が作り上げられてきた。

（2）現状では，情報関連分野では医師や法律家のように職業的ステータスがない。情報技術をビジネスで利用するものは，たいていの場合，独立した個人ではない。多くは企業の従業員として働いている。そのため彼らには情報技術に関連した複雑な知識はあるが，企業内の職務上から規定された限られた自由しかない。仕事の形態としても，一人ではなくチームの中で働くことがよくあり，大規模プロジェクトの中の一部を担当している。企業以外には彼らを一本化して統率する組織を持たない。

（3）情報技術の利用は，すでに専門職だけでなく広く一般の事務職にまで及んでいる。多くの職場の作業者すべてが情報技術の利用者である。情報技術の利用者は，社会に対する義務，雇用者に対する義務，クライアントに対する義務，職別組織を含めた同僚への義務のような多様な義務を負っていると考えられる。

これらの間で最も注目を浴びるのは，社会に対する義務とクライアントに対する義務の間の相克(そうこく)である。情報が価値であり権力である今日，情報技術の利用者の権限は，じつは非常に大きくなることがある。価値ある秘密情報への不正アクセス，システム原理をただ一人知っている技術者への過大な要求などさまざまな形態があり，社会全体として被害を受けやすい。

現時点では，上記のような倫理上の問題に対する完全な回答はないが，今後の方向を示唆するいくつかの事例がある。例えば，米国コンピュータ学会（ACM）には専門家の行為規範があり，また電気電子技術者協会（IEEE）は倫理基準を採用している。また，そのほか，データ処理管理協会（DPMA）などでも倫理コードをもっている。

7 電子商取引

　1990年のインターネットの商用利用解禁以来，新ビジネスや新市場の出現，ビジネススタイルの変化など，社会，産業，経済に大きな影響を及ぼし，個人ならびに企業の利便性や効率性を向上させつつある。その環境を利用して，情報発信から発注・契約，決済までの商取引のビジネスプロセスをネットワークを介して電子的に行う方式が，電子商取引（エレクトロニックコマース，electronic commerce：EC）である。インターネットの家庭への急速な普及により，企業間の取引だけでなく，個人向けのビジネスも急拡大している。さらに，日本や韓国では，携帯電話によるインターネット接続により，モバイルコマース（mobile commerce）と呼ばれる携帯電話によるビジネスも増加している。この章では，このようなECについて説明する。

7.1 概　　要

　ECの定義はいろいろあるが，広義には**図7.1**に示すように，「経済主体（個人，企業，行政など）間でのあらゆる経済活動に関係する活動のネットワーク上で実施する機能群あるいはシステム」，狭義には，この中でインターネットを介して受発注ならびに決済を行うビジネスの方式，ということができる。広義の定義によると，従来から企業間で行われている専用回線やVANシステムによる電子的な商取引情報の交換（EDI）や，単なるWebでの情報提供もECの範疇になる。
　ECの類型としては，**図7.2**に示すように，バーチャルモール（インターネット上の仮想商店街）に代表される消費者向けのEC（B to C EC（business

7.1 概要

商取引の一連の流れのある部分/すべてを電子的に
(＝インターネット上のしくみなどによって) 実現

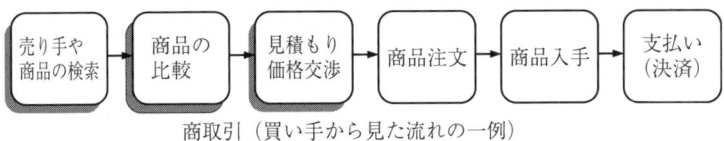

売り手や商品の検索 → 商品の比較 → 見積もり価格交渉 → 商品注文 → 商品入手 → 支払い (決済)

商取引 (買い手から見た流れの一例)

「商取引 (＝経済主体間での財の商業的移転に関わる, 受発注者間の物品, サービス, 情報, 金銭の交換) を, インターネット技術を利用した電子的媒体を通して行うこと」 (経済産業省)

図7.1 電子商取引 (EC) の定義

売り手と買い手

企業間 EC
Business to Business (B to B)
オープンなマーケットプレース
特定企業間のクローズな EDI

消費者向け EC (狭義)
Business to Consumer (B to C)
電子店舗, 電子決済による個人消費者の買物

・レガシー (既存) システムとの連携
・ワークフロー連携

C to C EC

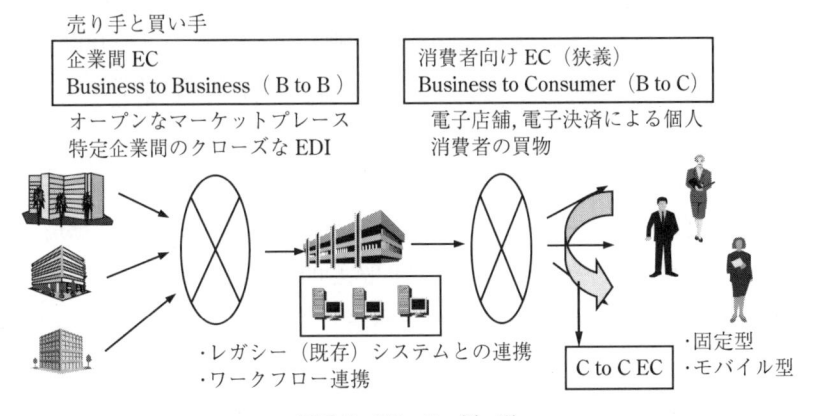

・固定型
・モバイル型

図7.2 EC の類型

to consumer EC)), 電子カタログ, 調達支援, 電子受発注などの企業間の EC 利用 (B to B EC (business to business EC)), 消費者間での取引 (C to C EC (consumer to consumer EC)) がある.

EC は, インターネット上に地理的, 物理的, 時間的制約から離れた自由な仮想経済圏を実現するものである. このため, 設備投資・運用コストが少なくて済み, 無限の在庫を仮想的に持つこともできるし, 貴重な文化資産を自由に眺めることもできる. また, 少ないコストで世界を相手にビジネスを展開することもできる.

米国政府は, 1985 年に CALS (当時の名称, computer aided logistic support）が軍の資材調達/運用の合理化のために提唱されて以来，1993 年の情報スーパーハイウェイ構想，1994 年の CommerceNet，ECIC（EC 情報センター）の設立，連邦調達効率化法の制定，1997 年の電子商取引のガイドライン発表と積極的に EC を推進している。

　一方，わが国でも経済産業省が 1995 年以来，各種の EC 実証実験や CALS 実験を援助し EC の普及を支援してきた。2001 年 1 月には，IT 社会の形成に関する施策の迅速かつ重点的推進のための高度情報通信ネットワーク社会形成基本法（IT 基本法）が制定され，そのもとで内閣総理大臣を本部長とする高度情報通信ネットワーク社会推進戦略本部（IT 戦略本部）が設置され，「e-Japan 戦略」が制定され，「e-Japan 重点計画」（2002 年には「e-Japan 重点計画-2002」に改定された）が決定されている。その中身は，以下のとおりである。

（1）　インターネット利用環境の整備（低廉な料金，常時接続可能）
　　　―　高速インターネットアクセス網　3 500 万世帯（2005 年目標）
　　　―　超高速アクセス網　1 600 万世帯（2005 年目標）
（2）　全公立学校へのインターネット接続
（3）　電子商取引に係る制度整備
　　　―　証券取引法，旅行業法など 50 の法律で規定されている書面の交付を電子的に行うことを認める「書面の交付等に関する情報通信の技術利用のための関連法律の整備に関する法律」（IT 書面一括法）
　　　―　認定機関（国が認定）が発行する電子証明書に押印などと同じ効力を認める「電子署名および認証業務に関する法律」
　　　―　消費者の錯誤（思い違い）による契約は無効となる（民法 95 条）範囲を B to C EC を対象に規定した「電子消費者契約及び電子承諾通知に関する民法の特例に関する法律」（電子契約法）
（4）　電子政府・電子自治体を推進するための行政手続オンライン化関係三法の成立（2003 年施行），電子入札の開始
　　　―　行政機関への申請，届出等を定めた法律を包括的に改正し行政手続

きをオンライン化できるようにする「行政手続等における情報通信の技術の利用に関する法律」(行政手続オンライン化法)
— 上記の法律で対応できない例外を規定した「行政手続等における情報通信の技術の利用に関する法律の施行に伴う関係法律の整備等に関する法律」(整備法)
— 市町村の窓口での申請で都道府県知事の発行する電子証明書が利用できるようになる「電子署名に係る地方公共団体の認証業務に関する法律」(公的個人認証法)

(5) 電子政府の緊急対応支援チーム (NIRT) の創設, サイバーフォースの整備

その後2003年には, IT戦略第一期の柱である基盤整備は達成されつつあるとして, IT戦略第二期として, IT利活用による「元気・安心・感動・便利」社会を目指す「e-Japan II 戦略」(**図7.3**) が新たに制定された。

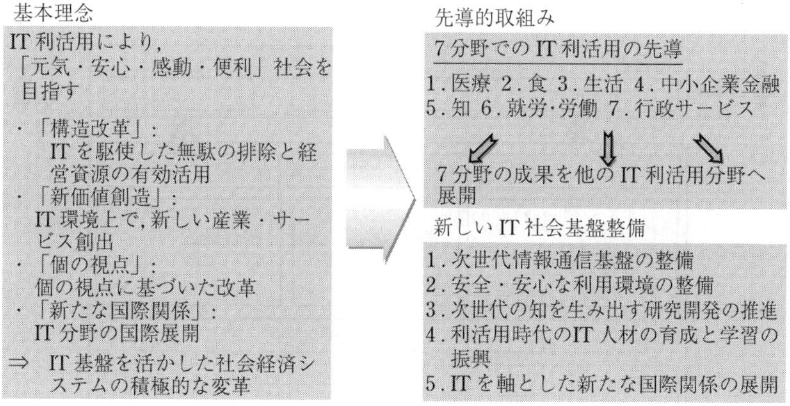

基本理念
IT利活用により,
「元気・安心・感動・便利」社会を目指す
・「構造改革」:
　ITを駆使した無駄の排除と経営資源の有効活用
・「新価値創造」:
　IT環境上で, 新しい産業・サービス創出
・「個の視点」:
　個の視点に基づいた改革
・「新たな国際関係」:
　IT分野の国際展開
⇒ IT基盤を活かした社会経済システムの積極的な変革

先導的取組み
7分野でのIT利活用の先導
1. 医療 2. 食 3. 生活 4. 中小企業金融
5. 知 6. 就労・労働 7. 行政サービス

7分野の成果を他のIT利活用分野へ展開

新しいIT社会基盤整備
1. 次世代情報通信基盤の整備
2. 安全・安心な利用環境の整備
3. 次世代の知を生み出す研究開発の推進
4. 利活用時代のIT人材の育成と学習の振興
5. ITを軸とした新たな国際関係の展開

図7.3　e-Japan II 戦略

また, 関連業界団体は, B to Cを対象とした電子商取引実証推進協議会とB to Bを対象としていた企業間電子商取引推進機構と産業情報化推進センターが, 2000年に電子商取引推進協議会 (ECOM) として統合された後, 2005年4月に次世代電子商取引推進協議会 (ECOM) として, 再スタートしてい

る。ECOM では，EC に関する標準化やルール作り，相互接続性の検証，電子タグの利用，調査，普及活動などを推進している。

7.2　B to C EC

EC の中で，広く一般に認知されているのが一般消費者向けのオンラインショッピングである。基本的には，郵便やテレビなどを情報媒体として用いる通信販売と同じであるが，インターネット利用により，対話型で商品検索や問合せが可能になる点が大きな違いである。また，郵便などの利用に比べて，カタログ作成コストや通信コストがきわめて少なくできる点も出店側にとって魅力的である。典型的なオンラインショッピングサイトの機能を図7.4に示す。なお，取扱い商品が，ソフトウェアや音楽のように電子的に消費者のもとへ送られる場合を除いて，商品を実際に配送する必要があり，その部分をきっちりと構築しないとビジネスとしてはうまく行かない。

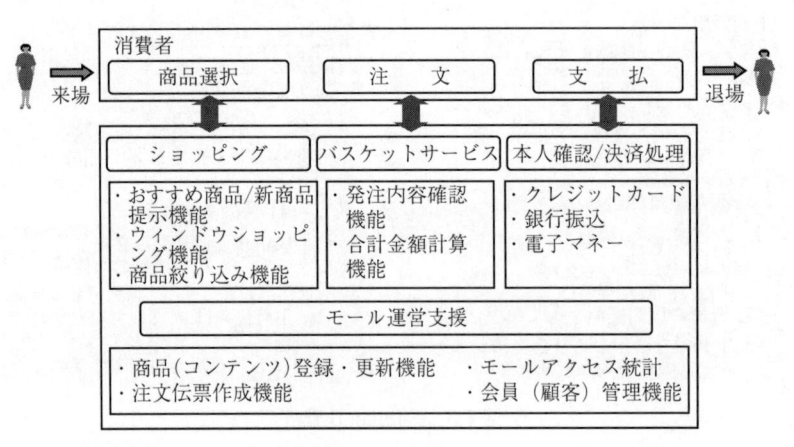

```
消費者
来場 → 商品選択 — 注文 — 支払 → 退場
        ショッピング    バスケットサービス    本人確認/決済処理
        ・おすすめ商品/新商品 ・発注内容確認 ・クレジットカード
          提示機能           機能         ・銀行振込
        ・ウィンドウショッピ ・合計金額計算 ・電子マネー
          ング機能           機能
        ・商品絞り込み機能
                    モール運営支援
        ・商品(コンテンツ)登録・更新機能  ・モールアクセス統計
        ・注文伝票作成機能              ・会員(顧客)管理機能
```

図7.4　B to C EC の機能（オンラインショッピングサイト）概要

米国では，インターネットの商用利用開始とともに，多くの企業がオンラインショッピングビジネスに参入し，2000年ごろには，いわゆる「ネットバブル」が発生した。バブル崩壊後，多くの企業が破綻したりサイトを閉鎖したり

図7.5 B to C ECの発展経過

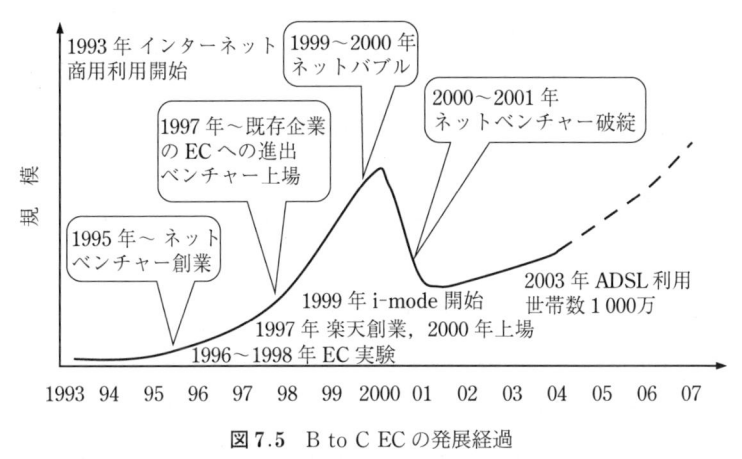

したが，一部は生き残り，その後業績を伸ばしている．B to C ECの発展経過を**図7.5**に示す．現在は，安定成長期に入っていると見られる．

有名なサイトとしては，1995年7月に書籍販売サイトとして開業し，書籍を並べる物理的制約から解放されることを生かして250万タイトル以上の書籍を20〜40％引きで扱い，1997年には株式公開を果たしたアマゾンドットコム（以下，アマゾンと略す）がある．株式公開後，取扱い商品を書籍だけではなく，CD，ビデオ，オフィス用品，電化製品，玩具，医療品などに広げていき，現在は世界最大級の総合ECサイトになっており，2004年には200か国以上の数千万人の顧客に対して65億ドルを売り上げている．また，米国以外にも，カナダ，イギリス，ドイツ，フランス，日本に子会社をもっている．アマゾンが扱う商品は，最終的には物流を伴うため，9 000〜70 000 m² の物流センターを世界5か国の10か所（うち米国6か所）に展開している．

以下，アマゾンの成功要因は，B to B ECビジネス一般にも適用できるので，少し詳しく説明する．

（1）取扱い商品の競争力　書籍というどこで買っても同じ商品を豊富に品ぞろえして，しかも低価格で提供したことが初期の顧客獲得に有効だったと考えられる．例えば，スーパーマーケットの場合には，他店と同じものを売っても勝負にならない．良い品を安く売るか，無農薬や産地指定などのこだわり

のある商品を売るなどの工夫が必要である。

（2） **合理的な物流インフラの整備**　顧客に商品を迅速・安価にかつ誤りなく届けるために，人まかせではなく自前の物流インフラを構築したこと。物流インフラをもつ EC モデルを「倉庫モデル」というが，このタイプは，設備投資と売上げの増加のバランスが難しく，オンラインスーパーのピーポッドやウェッブバンは，過大な設備投資で失敗し破綻している。アマゾンでも創業以来赤字が続き，黒字になったのは 2003 年が最初である。また，2001 年には物流センターの閉鎖などの大幅なリストラを経験している。

（3） **顧客志向のサービス**　インターネットは匿名性が高いので，EC の顧客はいつでも他社に乗り換える傾向が強い。また，新規に類似のビジネスを始めるための利用障壁も低い。このため，先行して顧客を確保しても，つねにサービスを向上していく必要がある。アマゾンは，オンラインショッピングサイトのパイオニアであり，新しいサービスをつぎつぎと提供している。代表的なものとしては，いまでは当たり前の購入後の電子メールでの通知や，欲しい物のあいまい検索，電子メールアラート，リコメンデーションサービス（購入者の購入履歴や個人属性の分析から，ニーズに合った推薦図書を表示するサービス），書評フォーラムなどがある。

（4） **先行者利益**　日進月歩のインターネット関連技術やマーケティング手法のノウハウの蓄積を通じて，新しい方式を提案している。代表的なものに，個人のホームページからアマゾンにリンクを張り，取引が成立すると紹介料を払う「アフィリエイト（アソシエート）制度」や，買物の最後にまとめて決済をするしくみである「ワンクリック方式」がある。しかも，これらは簡単に真似できるため，特許化しており，ワンクリック特許では，競合相手のバーナーズ＆ノーブルを特許侵害で提訴し，その使用を禁止させている。なお，このような実世界で普通に行われているビジネスのしくみをインターネット上で実現した特許をビジネスモデル特許という。また，先行者として，マスコミにも頻繁に取り上げてもらえたこともプラスであったと考えられる。

（5） **積極的な新規分野への参入とベンチャー企業の買収**　知名度と物流

インフラを活用して，取扱い商品の分野を拡大している．これにより，ある分野での損失をほかでカバーするというリスクの分散が可能になっている．また，有望な顧客をもっているベンチャー企業を買収することによって，顧客ベースを拡大している．

日本でも，1994年ごろから多くのバーチャルモールが開設され，総務省の調査では，図7.6に示すように，1995年にはわずか7億円であったBtoC ECの売上高は，毎年，倍ずつ伸びて2003年には約1.9兆円までに成長している．2004年には，通信販売業界の売上げ（約3兆円）を抜いている．なお，ECの範囲を広くとらえている経済産業省の調査データを比較参考のために図7.7に示す．日本におけるインターネットの世帯普及率はすでに2003年で88％に達しているが，家庭からのインターネット接続のブロードバンド化はこれからであり，今後，引き続きBtoC ECの売上げが増加していくと考えられている．

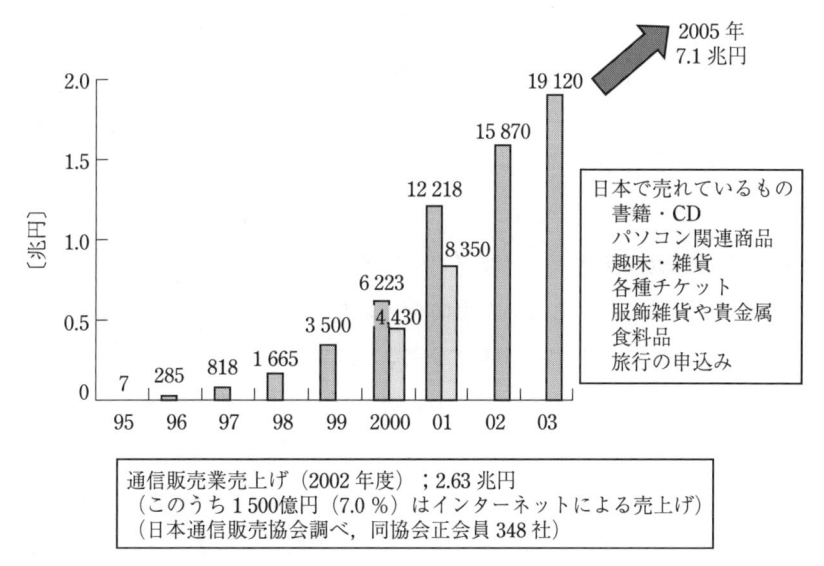

図7.6 日本のBtoC ECの市場規模の推移〔出典：総務省（平成15年版情報通信白書から市場規模の推計方法が変更）〕

156　7. 電子商取引

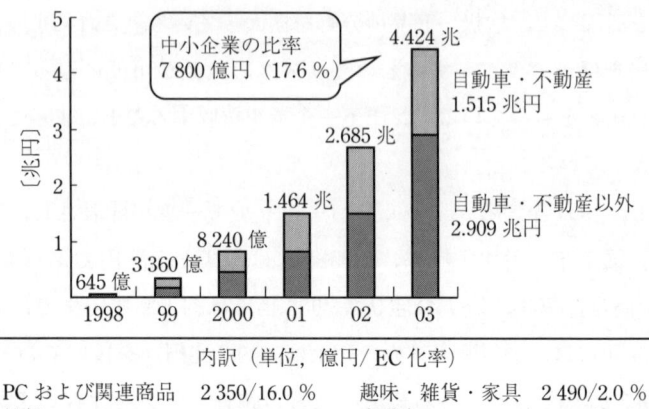

```
中小企業の比率
7 800 億円（17.6 %）
```

4.424 兆
自動車・不動産
1.515 兆円

2.685 兆
自動車・不動産以外
2.909 兆円

1.464 兆
8 240 億
3 360 億
645 億
1998　99　2000　01　02　03

内訳（単位，億円/EC 化率）			
PC および関連商品	2 350/16.0 %	趣味・雑貨・家具	2 490/2.0 %
旅行	4 740/3.4 %	自動車	6 030/4.8 %
エンターテイメント	3 370/2.9 %	不動産	9 120/2.1 %
書籍・音楽	1 310/4.2 %	その他物品	2 470/1.0 %
衣料・アクセサリー	1 640/1.3 %	金融	2 150/0.7 %
食料・飲料	2 190/0.5 %	各種サービス	6 380/0.8 %

図 7.7　日本の B to C EC の規模推計〔出典：経済産業省（平成 15 年度電子商取引に関する実態・市場規模調査）〕

7.3　B to C EC のビジネスモデル

B to C EC のビジネスモデルは大きく分けると，以下の三つに分けることができる．

（1）　**商品販売モデル**　アマゾンに代表されるように，従来，実際の店舗やカタログベースで販売していたものをインターネット上に展開したもので，仕入れ値と売値の差が利益の源泉である．24 時間の顧客対応が可能，地理的制約の撤廃などの特徴がある．電子小売店出店に必要な投資額が小さいので，参入は容易であるが，利益を上げるためには，7.2 節でアマゾンを例に説明したような工夫が必要である．成功要因としては，わかりやすい商品・サービスの説明，素早い顧客対応，品ぞろえ・メニューの豊富さ，閲覧・操作の利便性などが挙げられる．また，対面販売的楽しみ（こだわり，売主の個性）も重要である．

（2） **中間業者排除モデル**（disintermediary）　図7.8に示すように，メーカーなどが流通プロセスを単純化（中抜き）し，消費者に直接販売するタイプである。デルコンピュータや，航空会社各社の直販サイトなどがその例である。これらは直販モデルと呼ばれる。中間業者に払っていた手数料を省くことができるので，利益を確保しつつ価格を下げることができる。しかし，これはいままで外部委託していた仲介・販売業務の取込みなので，売主自身が直接，サプライチェーンや顧客を適切に管理する必要がある。また，直接顧客と接することにより，顧客データベースをもとにした個客対応のきめこまかなマーケティング（one to one marketing）が可能になる。この種のビジネスの成功のためには，顧客の利便性をどのようにして確保して，会員数を確保するかが課題である。

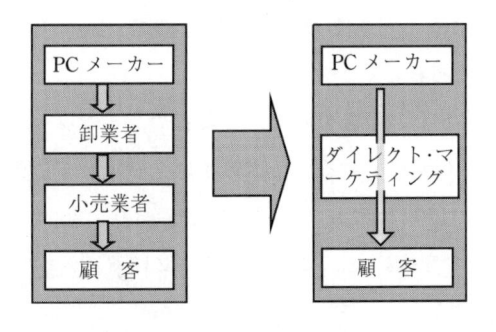

図7.8　直販モデル

（3） **情報仲介業**　販売者と購買者の情報を集め，それらを最適な形で組み合わせて仲介する業種で，information intermediaryを縮めて，インフォメディアリィ（infomediary）と呼ばれる（図7.9）。この種のサイトには，オークション・逆オークション，商品価格一覧サービス，業種別/地域別ポータルサイト，検索サイト，ホテル予約サイト，バーチャルモールなど，多様なものがある。

　サイトの運営会社の収入源は，広告収入や会費，紹介手数料などである。広告収入はサイトへのアクセス数によって変わるので，最大の課題は，購読者をいかに集めるかである。そして，この業種では，一度，一定の地位を確保できると，イーサネットの発明者であり3Comの創業者であるメトカーフが1995

158   7. 電子商取引

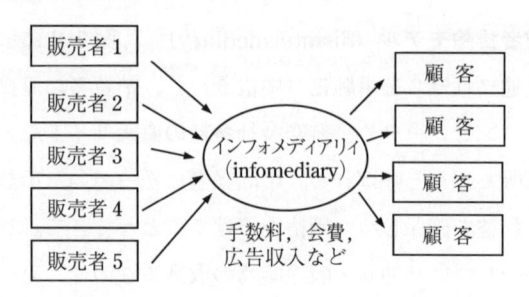

図 7.9　情報仲介業（インフォメディアリィ）

年に発表した"ネットワークの価値は接続数の二乗に比例する"というメトカーフの法則（Metcalfe's law）が効力を発揮し，トップのサイトにアクセスが集中するという現象が起こりやすい．その代表的な例が，eBey Japan と Yahoo! オークションの競争であり，わずか 6 か月先にオープンした Yahoo! オークションが，会費無料ということもあり，圧倒的な差で eBey Japan を 2002 年 3 月に撤退させた事例である．

　上記のほかに，インターネット上の広告を仲介する業者や，インターネット上の視聴率を調査する業者なども現れている．日本のインターネット広告の市場は図 7.10 に示すように EC の普及とともに拡大してきており，2004 年には 4 大メディアの一つであるラジオを抜いた．なお，米国におけるインターネッ

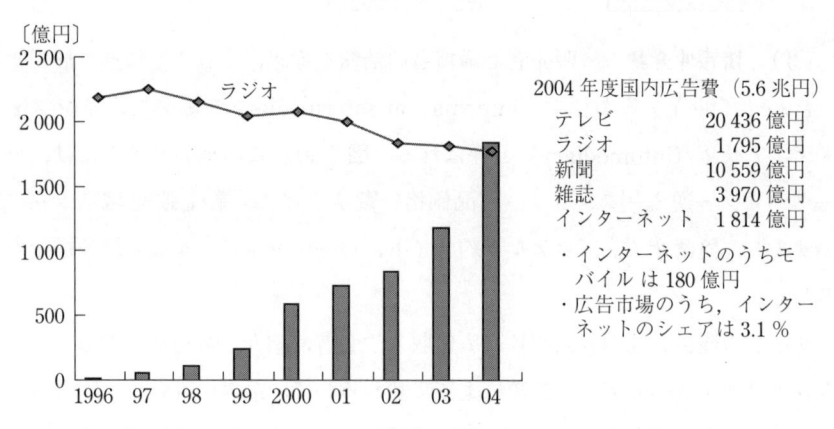

2004 年度国内広告費（5.6 兆円）
テレビ　　　20 436 億円
ラジオ　　　 1 795 億円
新聞　　　 10 559 億円
雑誌　　　　 3 970 億円
インターネット 1 814 億円

・インターネットのうちモバイルは 180 億円
・広告市場のうち，インターネットのシェアは 3.1 %

図 7.10　日本のインターネット広告市場〔出典：電通による調査〕

ト広告の市場は，72.7億ドル（2003年）で，広告全体に占めるシェアは3％である。

7.4 B to C EC の成功要因

7.2節でアマゾンの成功要因について述べたが，B to C EC ビジネスの利用フェーズの観点から成功要因についてまとめると，図7.11のように3段階に分けて考えることができる。以下，順に説明する。

（1）URLを知らせる
・知名度，ブランド

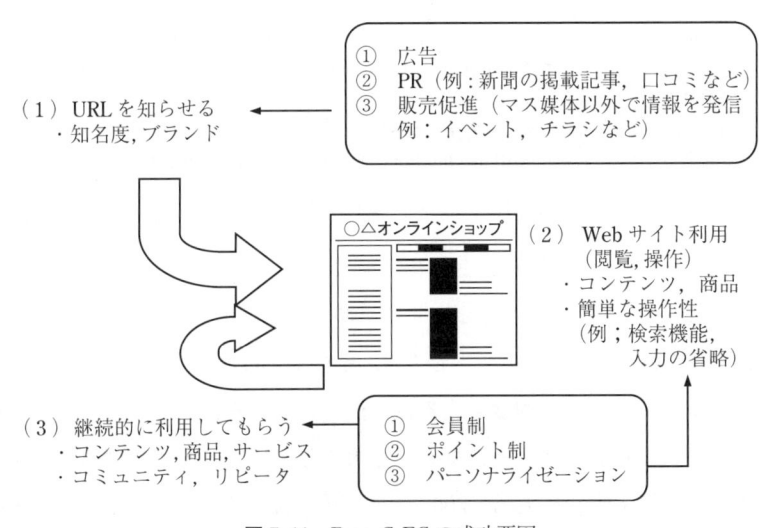

① 広告
② PR（例：新聞の掲載記事，口コミなど）
③ 販売促進（マス媒体以外で情報を発信 例：イベント，チラシなど）

（2）Webサイト利用
　　（閲覧，操作）
　・コンテンツ，商品
　・簡単な操作性
　　（例；検索機能，
　　　　　入力の省略）

（3）継続的に利用してもらう
・コンテンツ，商品，サービス
・コミュニティ，リピータ

① 会員制
② ポイント制
③ パーソナライゼーション

図7.11　B to C EC の成功要因

（1）URLを知らせる　まず，消費者に自分のサイトの存在を知らしめることからすべては始まる。非常にたくさんのWebサイトがインターネット上に存在するため，新規のサイトは存在すらなかなか認知されない。第1の方法は，広告である。広告の中には，テレビや雑誌といった既存の広告媒体を使うもの，検索サイトにバナー広告を表示するなどのインターネット広告を使うもの，アマゾンが始めたアフィリエイトプログラム（図7.12）がある。広告以外には，新聞記事やテレビ番組で取り上げてもらうことや，展示会などのイ

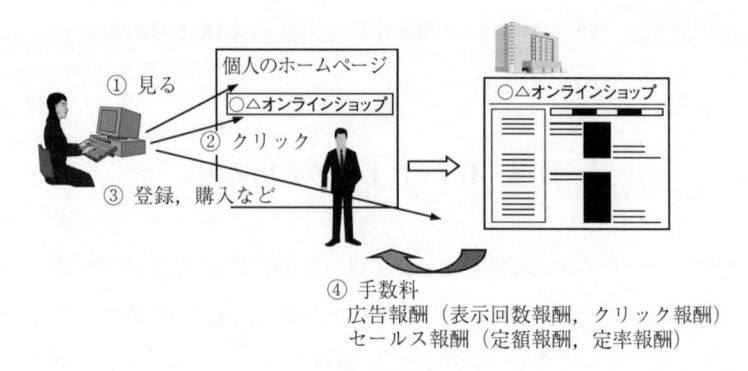

① 見る
② クリック
③ 登録, 購入など
④ 手数料
　広告報酬（表示回数報酬, クリック報酬）
　セールス報酬（定額報酬, 定率報酬）

個人のホームページ
○△オンラインショップ

○△オンラインショップ

アフィリエイトプログラムとは, 個人のホームページに企業の広告とリンクを掲載し, ホームページ所有者に報酬を払う方式。1996年アマゾンが開始, 約900万のアフィリエイトを保有。1997年6月に米国で特許申請が行われ, 2000年2月に特許登録。
「インターネット上での顧客紹介システム」
出願された特許名称：Affiliate linking, 特許番号：USP 6,029,141

図7.12 アフィリエイトプログラム

ベントに出展することも行われる。リアルビジネスでの知名度やブランド力も有効である。このために多くのオンラインサイトと多大な広告宣伝費を計上している。知名度が抜群のアマゾンですら, その知名度の向上とブランド維持のため, 売上げの20〜30％程度を広告費に投入している。

同様に, Web直販でグループウェアを販売しているサイボウズ（1997年創業, 2000年東証マザーズ上場, 2002年東証第2部へ市場変更）の場合, 創業以来一貫して売上げの30〜50％を広告宣伝費に投入している。また, その内訳を見ると, 2000年には広告費の半分以上を占めていた雑誌や新聞への出稿が2003年には22％まで減り, 代わりに展示会などが35％まで増加している。なお, インターネット広告は30〜40％である。

（2）**Webサイト利用**　利用者に自分のサイトのURLを知ってもらって, 自社サイトに誘導できたとしても, そこで商品を買ってもらったり, サービスを受けてもらわないと, 利益にはつながらない。ある調査では, Web訪問者のうち, 購買活動に結びつくのはわずか2％で, 残りの98％は情報収集

のための単なる閲覧者にすぎないと報告されている。購買活動に結びつけるためには，取扱う商品やサービスの魅力（商品の質，価格，品ぞろえなど）が重要になるのはもちろんであるが，Webサイトのデザインや操作性も重要になる。特に，欲しい情報を探すための検索機能の高度化は重要で，各種の情報フィルタリング方式が研究されている。また，会員制をとることにより，会員番号の入力だけで入力の手間が省けるため，以前入れたクレジットカード番号や連絡先などが自動的に表示されたり，個人個人で好みの画面構成にしたりできるパーソナライゼーションが可能である。パーソナライゼーションとしては，過去の利用状況のチェックや店側からの礼状や推奨商品の連絡なども行われる。

（3）**継続的に利用してもらう**　一度でもサイトを利用してもらった顧客は，すでにURLを知っているので，新たに宣伝しなくてもよい。つまり，既存顧客にサイトへ再訪問してもらうほうが，新規顧客を獲得するよりもはるかにコストパフォーマンスがよい。また，サイトに親しみをもつ顧客は，友人などに口コミで宣伝してくれることも期待できる。このため，一度サイトを利用してもらった顧客をリピータとして確保することが，ビジネス上重要な課題となる。そのための代表的な手法が，会員制（多くの場合，会費無料）である。会員になることで，上述のパーソナライゼーションが受けられるほか，キャンペーンや掲示板の利用なども可能になることが多い。また，サイトの利用実績に基づきポイントを付与し，一定のポイントが貯まると割引や景品がもらえるポイント制を導入することもある。

7.5　B to C ECの課題

ECには優れた点が多いが，その反面，課題もある。

その第1は，税制，監査，保険，消費者保護，補償，ギャンブル，わいせつ画像，犯罪対策，マネーロンダリング，著作権保護などの制度・規制・社会的コンセンサスに関するものである。インターネットの特性である匿名性のた

め，不正請求やプライバシー侵害などの問題も発生している．これらに関しては，e-Japan戦略のもと，精力的に法制度の改定がなされているが，技術の進歩に法律や制度が追いついていないのが現状である．特に，音楽などの著作権保護に関しては，ファイル交換ソフトウェアによる個人間の不正コピーが音楽業界に大きな問題を投げかけている．

まず，裁判となったのは，一時は30億ファイル/月のファイル交換を仲介していた米国のナップスター（Napster）である．2000年7月に敗訴し，2001年2月に業務停止命令が出て，けっきょく2002年6月にサービス休止・破産に追い込まれた．ナップスターの仲介システムは，中央にサーバがあるため，訴訟の対象となったが，その後，中央サーバなしの純粋P to P型のGnutella，Morpheusなどのファイル交換ソフトウェアがフリーソフトとして配布された．このような中央サーバなしのソフトウェアを製造，配布した者を罪に問うことはできないので，2003年6月，全米レコード協会（RIAA）がファイル交換ソフトウェア利用のユーザー数千人を提訴した．これにより，ファイル交換ソフトウェア利用者が1か月で約100万人減少したが，Morpheus側も身元を第三者に特定されないようにするための新機能を搭載したバージョンをリリースし，いたちごっこが続いている．このような状況の中，1曲100円程度の有料の音楽配信ビジネスが立ち上がりつつあるが，必ずしも違法コピーを駆逐できていない．

第2は，ECそのものの経済性，魅力の問題である．内容がほかの販売チャネルよりも安価であるとか，ほかでは容易に手に入らないとか便利であるなどの動機付けがないと使われない．また，商品の物流を伴う場合には，その費用をどのように吸収するか工夫が必要である．個人個人に配送するのは大きなコストがかかるので，コンビニエンスストアや駅などに取りにきてもらうシステムはその例である．また，米国ニューヨークで成功した生鮮食料品のオンラインスーパーのように人口密度のきわめて高いところだけを商圏にする方法もある．システム開発の維持コストの削減のためにも，ECシステム開発保守用のミドルソフトの充実が期待される．

7.5 B to C EC の課題　　*163*

　最後は，セキュリティの問題である。EC で利用されるインターネットの性質上，中継している電子計算機上での通信メッセージの傍受，改変などが容易にできる。例えば，取引相手が名乗っているとおりの個人・企業なのか確認できないというなりすましの問題や，実在の金融機関のホームページやオンラインサイトを真似たものを立ち上げ，消費者に口座番号や暗証番号などの個人情報を入力させるフィッシング（phishing）詐欺などが問題になっている。

　セキュリティ上の問題を解決するために用いられるものが暗号技術である。現在，インターネット上での情報漏洩を防ぐため Netscape Communications が開発した SSL（secure sockets layer）という方式が，Internet Explorer や Netscape など，ほとんどの Web ブラウザに標準で搭載されている。また，ほとんどのオンラインショップサイトがこれを利用している。SSL では，サーバとクライアントの間の認証と秘密鍵の送付には公開鍵暗号技術を使用し，データは秘密鍵暗号技術で暗号化する。

　図 7.13 に SSL の概要を示す。公開鍵暗号方式は，秘密鍵（プライベート鍵ともいう）を相手に配布する必要のない方式であり，ディジタル署名にも使われる。また，秘密鍵暗号方式は，暗号化/復号化に同じ鍵を使うもので，鍵を相手に送る必要があるが，暗号化/復号化にかかる時間が少なくて済む。また，

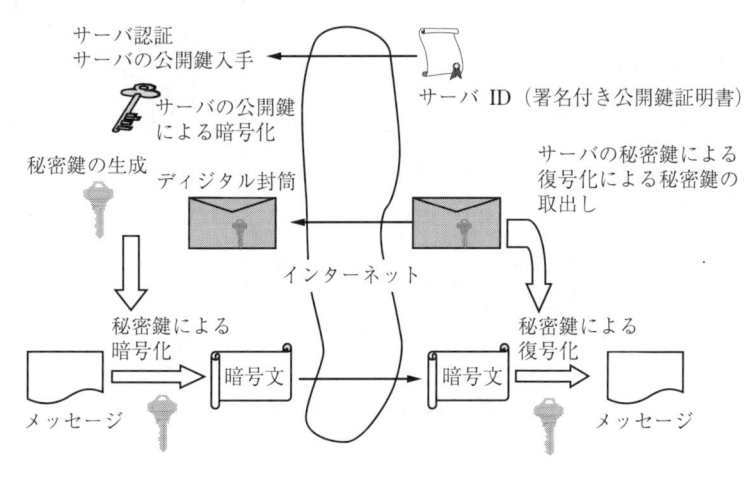

図 7.13　SSL の 概 要

図7.13にある公開鍵証明書は，認証局（CA）と呼ばれる取引に使用する公開鍵の持ち主を保証する機関が発行するディジタルな証明書であり，紙ベースの取引における印鑑証明書に相当する。日本でも1996年に日本ベリサイン，1997年にサイバートラストと日本認証サービスが設立されている。なお，この方法では，本人認証機能が別途必要であるが，通常，パスワードで代用している。

これに対して，インターネット上でクレジット決済をより安全に行うために考えられたものが，VISA，MasterCardの二つのクレジット会社が中心となって標準化したクレジット決済方式SET（secure electronic transactions）である。

SETの概要を図7.14に示す。クライアント側にも公開鍵証明書を要求し本人確認機能を含んでいる。1997年5月末に各国固有の決済方式を含んだSETver1.0が発表され，実証実験が進められたが，専用ソフトウェアが必要で，しかもクライアント側も認証書を取得する必要があり普及していない。

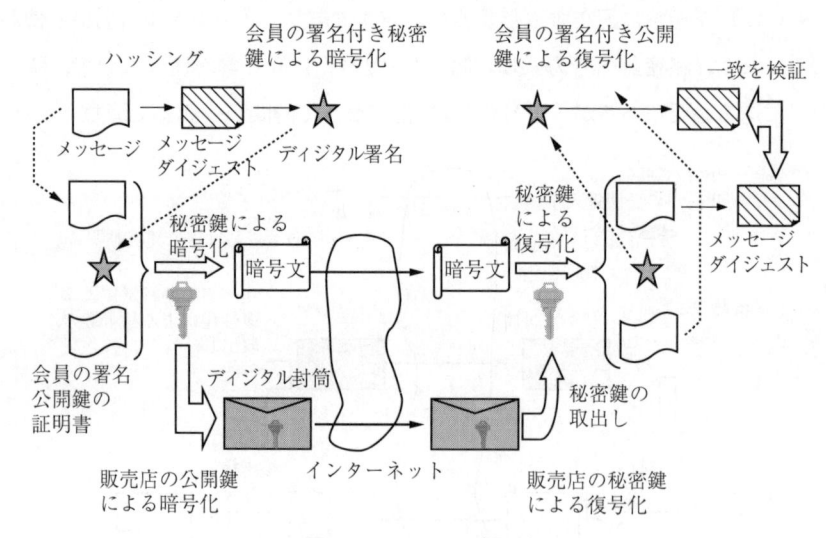

図7.14 SET の概要

7.6 電子決済と電子マネー

電子決済とは，売り手と買い手，個人または企業と銀行，あるいは銀行と銀行との間で，ネットワークを介して電子的に行われる資金移動のことをいう。企業間の決済はほとんどが電子決済であるが，B to C EC の決済においては，インターネット上でクレジットカード，銀行引落し，電子マネーを用いて電子的に決済するほか，セキュリティを気にして，商品到着時に現金を支払う代引き方式，別途銀行などへ行って振込む方式，コンビニエンスストアで支払う方式のようにオフラインで決済する場合も多い。

一方，電子マネーとは，利用者間での取引に際して，金融機関のホストコンピュータに格納されている利用者個別の勘定元帳などの更新を，取引のつど行うことなく処理するシステムである。図 7.15 に示すように，電子マネーの形態は，「ネットワーク型」と「IC カード型」に分かれる。また，IC カード型は，使い捨て型と再利用可能なプリペイド型がある。

ネットワーク型電子マネーは，インターネット上で少額の支払いを行うため

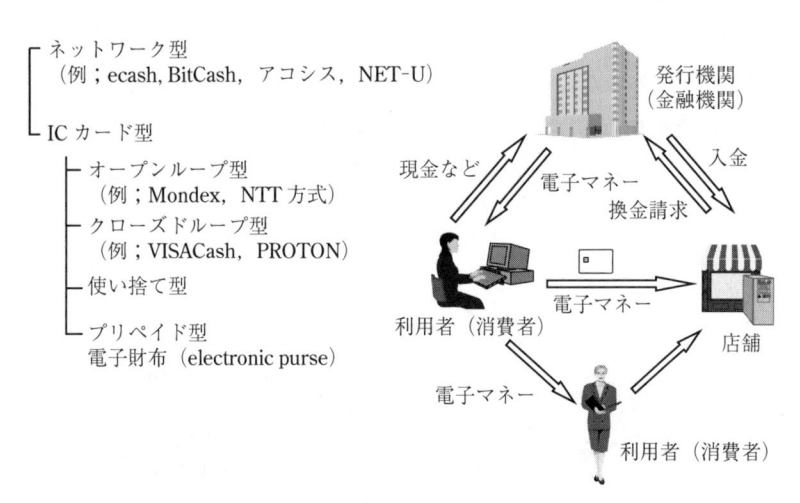

- ネットワーク型
   (例；ecash, BitCash，アコシス，NET-U)
- IC カード型
   - オープンループ型
      (例；Mondex, NTT 方式)
   - クローズドループ型
      (例；VISACash, PROTON)
   - 使い捨て型
   - プリペイド型
      電子財布（electronic purse）

図 7.15　電子マネーの形態

の電子マネーシステムであり，コンテンツ販売などの数百円未満の少額決済に向いている。オランダの DigiCash 社が開発した Ecash，Compaq Computer 社が開発した Millicent，米国 CyberCash 社が開発した CyberCoin などがある。使用する分の金額情報を専用のウォレットソフト（電子財布）に保管しておき，オンラインショップで買物をすると，ウォレットソフトが商店側システムに入金を通知し，同時に自らが保管している貨幣データを減少させることにより支払いを行う。暗号技術により安全性，匿名性は確保されている。また，不正防止のため，発行した電子マネーを通し番号（暗号化されている）で管理しており，受け取った商店は必ず銀行に戻すことが必要で流通性はない。与信管理などの運用コストがかからない分，決済コストが低い。しかし，オンラインでもクレジットカードによる決済が当たり前で，しかも各社の決済方式に応じてウォレットソフトを複数用意する必要があるため敬遠され，ほとんど利用されていない。そのため，利用者が少なく，手数料，運用益とも確保できず，DigiCash 社は 1998 年破産，Millicent も 2001 年にサービスを停止している。

IC カード型電子マネーは，IC カードの高い信頼性のうえに成立しているものであり，流通形態によって，クローズドループ型とオープンループ型の 2 種類に分類される。クローズドループ型は，図 7.16 に示すように，使用された電子マネーが，いったん銀行に戻ってくる方式である。取引の匿名性がなく，個人間での貨幣情報の譲渡ができない（転々流通性がない）。その反面，中央管理システムによる不正使用防止，流通量の管理・制御が容易である。代表的

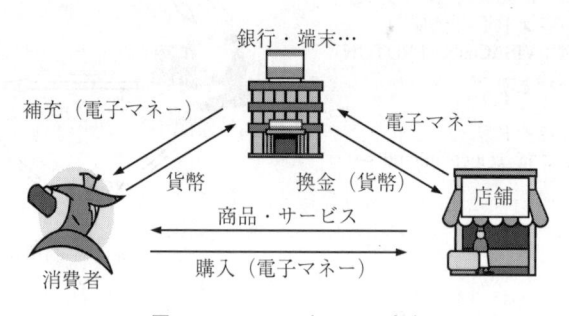

図 7.16　クローズドループ型

なものに，VISA Cash，PROTON がある．

　これに対して，オープンループ型は，**図 7.17** に示すように，現金と同様，発行場所を介す必要がない貨幣で，貨幣価値データが消費者から消費者へ転々と流通する方式である．代表的な例として，モンデックス（Mondex），NTT 方式がある．特徴としては，取引の匿名性が保たれる，紛失した貨幣価値は再発行されない，中央管理システムが必要ないためカード発行枚数の増加に伴うシステム全体の負担が増加することがない，などが挙げられる．

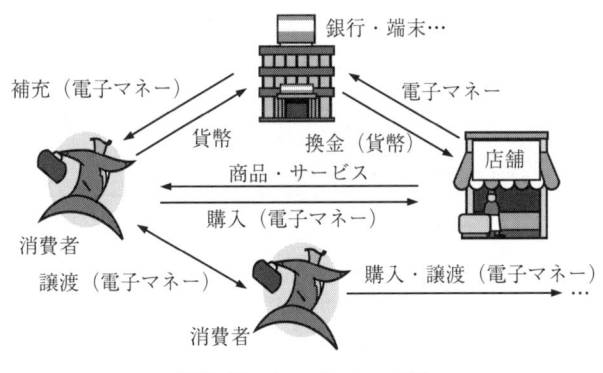

図 7.17 オープンループ型

　1990 年代の後半，IC カード型電子マネーの実験が各国で行われた．大規模なものとしては，1995 年からイギリスのスウィンドン市（人口約 17 万人）で，一般消費者 4 万人，約 1 300 軒ある小売店のうち，約 1 000 軒が参加したモンデックスの実験がある．そのほか，米国ニューヨークの VISA Cash の実験などもあるが，いずれもあまりうまくいっていない．海外では，クレジットカードやデビットカード[†]が主流である．

[†] デビットカードサービスとは，店頭で銀行のキャッシングカードを使って自分の貯金残高で買物ができるサービスである．デビット（debit）とは即時決済の意味である．したがってクレジットカードと違い，支払い能力を超えて買物をすることはできない．また，消費者は申込み不要で，会費，手数料などを払う必要はない．クレジットカードよりも店が負担する手数料が少ないなどの特徴がある．日本では日本デビットカード推進協議会が 1999 年から「J-Debit」という名称でサービスを開始しており，2004 年末時点で 1 462 の金融機関が参加し全国約 21 万か所で利用可能である．2004 年の取引は 1 095 万件（前年比 15 ％増），7 087 億円（前年比 33 ％増）となっている．

日本でも，**表7.1**に示すような実験が実施された。その結果を**表7.2**に示すが，消費者・店舗ともメリットが明確でなくけっきょくあまり利用されなかった。原因としては，日本は基本的に現金主義（決済の75％が現金）で，カード社会になっていない点が第一に挙げられる。また，日本では比較的治安もよく，多額の現金を持ち歩くことのリスクが低く，しかも多額の現金を引き出せる多数のATMが各地に存在するため，電子マネー利用のモチベーションが特に低い。さらに，自動振込，代引きなどの別の決済手段が多様存在している点も大きいと思われる。

電子マネーの発行元は，通常，加盟店からの手数料と，プリペイドされた現金の運用益で費用をまかない，利益を上げる必要がある。電子マネーを使える

表7.1 国内の電子マネーの実験

実験名称 （使用電子マネー）	実験期間	特　徴
VISA Cash 神戸実験	97/10〜98/3	Smart Commerce Japan 24 500人のモニター
郵便貯金 大宮実験	98/2〜02/6	「郵便貯金ICカードサービス」実験 フェーズ2（2000/3〜2002/6）クレジット機能付加 カード発行枚数；59 012枚（1999年1月末現在）
VISA Cash 渋谷実験	98/7〜99/6	120 000枚のカード発行 （使い切り型：76 000枚，補充可能型：44 000枚） カード会社10社，銀行10行，1 200店舗 クレジット機能付きも実験
NTT electronic cash 新宿実験	98/10〜00/3	スーパーキャッシュ協議会 バーチャル実験（1万人）+リアル実験（10万人）

表7.2 電子マネーの実験結果

	平均リロード金額	平均ショッピング金額
大宮実験	17 354円/回 （5 619件の平均）	1 465円/件[1] （54 231件の平均）
渋谷実験	8 070円 （11 858件の平均）	1 306円/件 （76 937件の平均）
神戸実験	10 676円 （6 954件の平均）	1 833円/件 （26 987件の平均）

注1) 公衆電話（34円/件），切符（381円/件）などを含む

場所が増えないと利用者も増えず運用益も増えないわけであるが，店にとっては現金であれば負担する必要のない手数料を払ってまで，加盟店になるメリットはあまりない。高額の買物の場合はクレジットカードでしか払えないということも多く，手数料も仕方ないと考えられるが，電子マネーは少額の決済用であり，その程度なら現金決済で問題ない場合が多い。利用者にとっても，小銭を扱わなくていいという程度で，わざわざ，クレジットカードやキャッシングカードと別に面倒なチャージングが必要なカードを持つメリットは見いだしにくい。

2000年代になって，乗車券・定期券ICカードと電子マネーICカードの併用の動きが現れ，普及の兆しを見せている。JR東日本は，2001年から発行している非接触のICチップを搭載した通勤定期カードSuica（super urban intelligent card）や乗車券購入用プリペイドカードを，2004年から一般の店舗で使用可能な電子マネーとして使用可能にしている。また，JR西日本のICOCA（IC operating card）や関西私鉄共通カードの「スルッとKANSAI」加盟各社のPiTaPa（postpay IC for "Touch and Pay"）などがこれに続いている。定期券所持者にとっては，余分なカードを持つ必要がないため，普及しつつある。

また，ビットワレットが2001年から発行する非接触ICカード型電子マネーEdyも成長している。電子マネーの普及には，利用できる場所の拡大が不可欠であるため，Suicaは日本航空やファミリーマートなどと，Edyも全日空やローソンなどと提携を進めている。

7.7　モバイルコマース

携帯電話，PDA（携帯情報端末），ノートPCなどの移動端末を用いて，無線経由でインターネットに接続し，電子商取引を行うことをモバイルコマースと呼ぶ。図7.18に代表的なサービスを示す。また1999年2月のi-モードサービス開始以来の携帯電話でのインターネット接続の推移を図7.19に示す。

170   7. 電子商取引

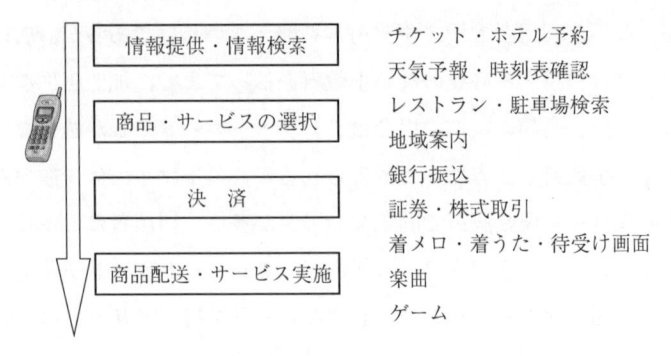

```
情報提供・情報検索      チケット・ホテル予約
                     天気予報・時刻表確認
商品・サービスの選択    レストラン・駐車場検索
                     地域案内
    決  済           銀行振込
                     証券・株式取引
商品配送・サービス実施  着メロ・着うた・待受け画面
                     楽曲
                     ゲーム
```

図7.18 モバイルコマース

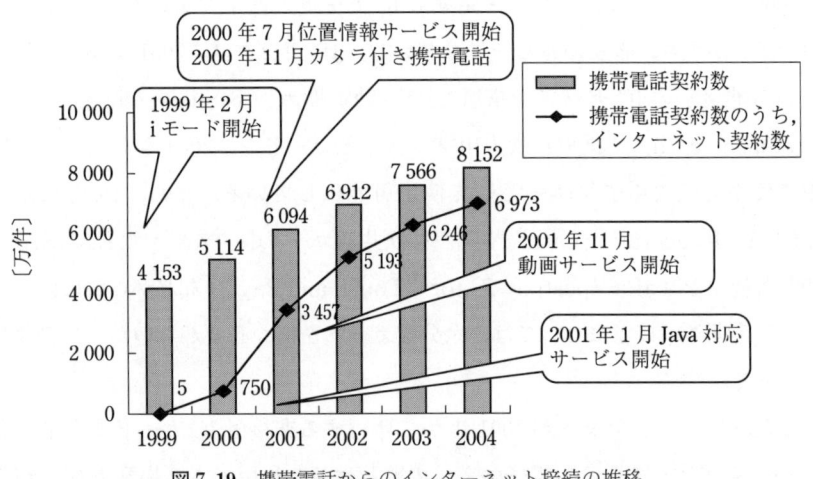

図7.19 携帯電話からのインターネット接続の推移

（携帯電話契約数：1999年 4 153、2000年 5 114、2001年 6 094、2002年 6 912、2003年 7 566、2004年 8 152 万件。うちインターネット契約数：1999年 5、2000年 750、2001年 3 457、2002年 5 193、2003年 6 246、2004年 6 973 万件。1999年2月 iモード開始、2000年7月位置情報サービス開始、2000年11月カメラ付き携帯電話、2001年1月 Java 対応サービス開始、2001年11月動画サービス開始）

　世界的に見た場合，2003時点のデータで，携帯電話のインターネット対応率は，日本が1位で80％程度であり，わずかな差で韓国がこれに続いている。3位の中国は34％で大きく差がついており，この分野は，日本と韓国が先進市場となっている。両国でどのようなサービスが利用されているかを**図7.20**に示す。利用者の平均年齢や文化・料金体系の違いもあり，差もあるが，コンテンツ系が多い。

　モバイルコマースでは，通常のPCからのインターネット接続とは異なり，画面は小さいながらも移動可能ということで，**図7.21**に示すように，位置情

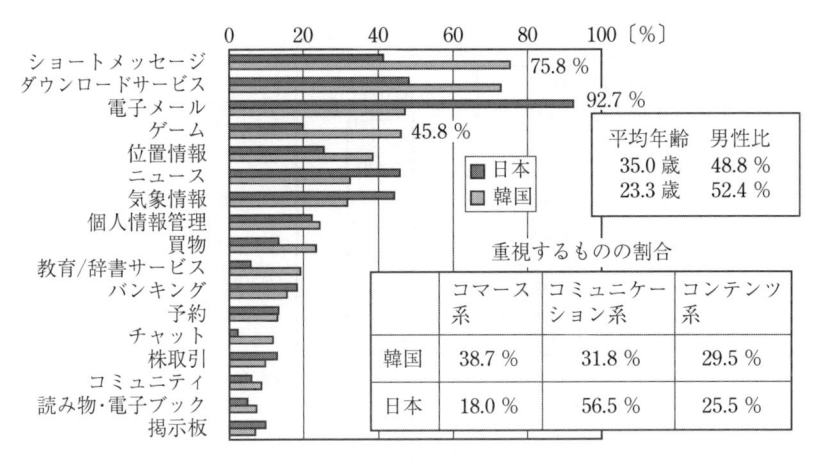

7.7 モバイルコマース

図7.20 モバイルコマースにおけるサービスの日韓比較
〔出典：ECOM による調査（2001年12月）〕

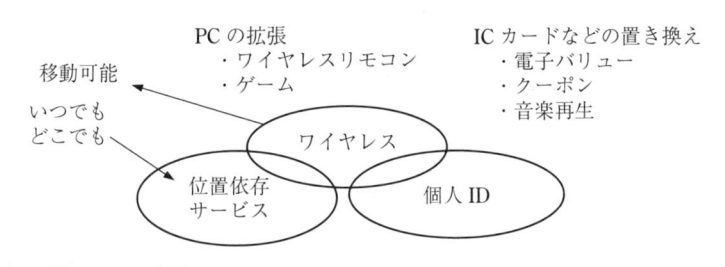

	コマース系	コミュニケーション系	コンテンツ系
韓国	38.7 %	31.8 %	29.5 %
日本	18.0 %	56.5 %	25.5 %

平均年齢　男性比
35.0 歳　　48.8 %
23.3 歳　　52.4 %

図7.21 モバイルコマースの特徴

PCの拡張
・ワイヤレスリモコン
・ゲーム

ICカードなどの置き換え
・電子バリュー
・クーポン
・音楽再生

位置情報を利用した新サービス
・ナビ（位置通知，ガイド）
・トラッキング（迷子，盗難車発見）
・派遣管理
・周辺地域情報提供（スポット情報）

表示機能付きの個人識別機器
・電子切符（電車，コンサート，スポーツイベントなど）
・個人向け情報提供

報を利用した新サービス，ICカードなどの置き換え，表示機能付きの個人識別機器としての利用などの多様なサービスが出現している．商取引の市場規模という面でのパソコンでの商取引との違いの最大のものは，有料コンテンツの割合が大きいという点である．

図7.22はモバイルコマースの市場規模を示したもので，調査した機関によって，若干の差はあるが，2003年の有料コンテンツ市場が2000億円程度であ

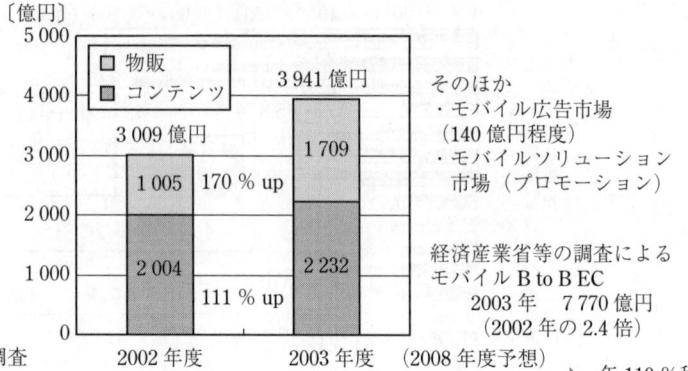

172 7. 電子商取引

図7.22 モバイルコマースの市場規模〔出典：モバイルコンテンツフォーラムの調査〕

そのほか
・モバイル広告市場
　（140億円程度）
・モバイルソリューション
　市場（プロモーション）

経済産業省等の調査による
モバイル B to B EC
　2003年　7770億円
　（2002年の2.4倍）
⇒ 年110％程度の成長

野村総研の調査
モバイル系
　有料コンテンツ：　2036億円　2639億円　3706億円
経済産業省等の調査
モバイル系
　「エンターテインメント」分野：　2020億円（EC全体3370：60％）

るということがわかる．また，有料コンテンツが年10％程度の成長に対し，物販のほうは2003年に急速に伸びている．

有料コンテンツの内訳は，**図7.23**に示すように，「着メロ」「着うた」に代表される音楽が約半分，ニュースや株価情報などの文字情報が約1/4，ゲーム

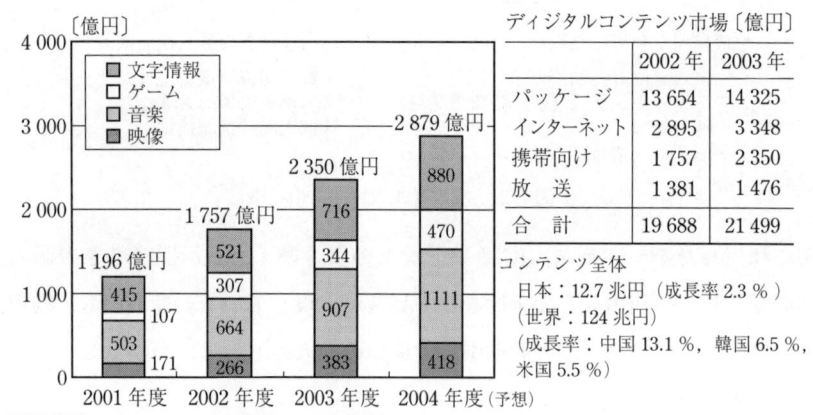

ディジタルコンテンツ市場〔億円〕

	2002年	2003年
パッケージ	13 654	14 325
インターネット	2 895	3 348
携帯向け	1 757	2 350
放　送	1 381	1 476
合　計	19 688	21 499

コンテンツ全体
日本：12.7兆円（成長率2.3％）
（世界：124兆円）
（成長率：中国13.1％，韓国6.5％，米国5.5％）

野村総研：　　　　　　　　2036億円　2639億円
モバイルコンテンツ：2004億円　2232億円
フォーラム

図7.23 モバイルコンテンツの市場〔出典：デジタルコンテンツ協会（DCAj）の調査〕

と映像（待受け画面など）がそれぞれ1/8程度という構成になっており，携帯電話によるインターネットの利用状況を反映している。世界の携帯ゲーム市場における日本のシェアはおよそ70％であり，韓国が10％強で続いている。有料コンテンツの普及は欧米ではあまり進んでいない。日本で普及した理由の第一は，通信キャリアによる料金代行徴収と月額契約制によるといわれている。

7.8 企業間EC

　企業間を専用線やVANなどで接続し，文書や受発注データや設計データを交換することが，1970年代から行われてきている。このような企業間での電子的なデータ交換をEDIと呼ぶ。1990年代になるとEDIの媒体がより安価で手軽なインターネットに置き換わり，単なる受発注データの交換にとどまらず，見積もり支援，協調設計支援，物流支援，企業間ワークフロー，電子決済，総合振込（名寄せ），ネッティング（債権相殺），などの新しい機能が付加された。また，Webの利用によりマルチメディア情報を簡単に扱えるようになり，操作性も向上している。

　このような機能は，サプライチェーン全体の効率化，改革においても重要な基盤として機能する。同時に専用線では不可能だった不特定多数向けの機能が出現した。代表的なものとしては，電子カタログ，製品情報提供，企業情報提供，マーケットプレースなどがある。そのような，さまざまなネットワークを用いて，設計・開発，広告，商取引，決済などのあらゆる企業活動を行えるシステム，またはそれにより実現されるサービスを企業間電子商取引（企業間ECあるいはB to B EC）と呼ぶ。ある意味，企業内のあらゆる情報処理機能が外部と接点を持ち出したので，企業間ECの提供機能は多岐にわたるが，それらを，サービスのタイプにより整理したものを図7.24に示す。また，企業間ECの市場規模を図7.25に示す。自動車業界と電子・情報関連業界で全体の66％を占めている。

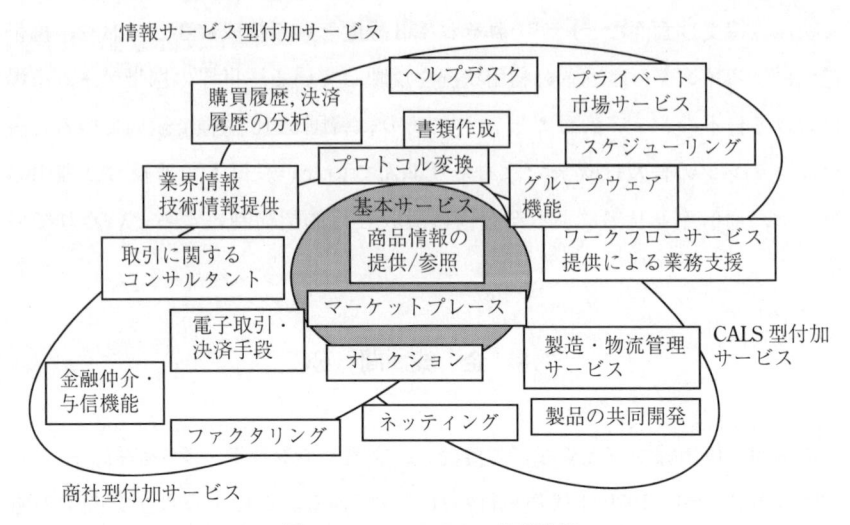

図7.24 B to B EC の提供機能

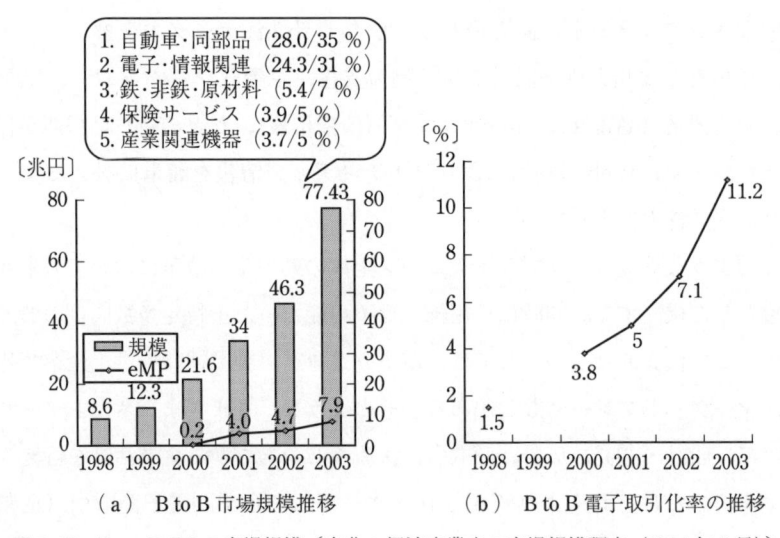

図7.25 B to B EC の市場規模〔出典:経済産業省の市場規模調査(2004年6月)〕

企業間 EC は，図7.26 に示すように，$1:N$ の買い手主導ないしは売り手主導のプライベートエクスチェンジ（private exchange），さらには，$M:N$ の電子市場（e マーケットプレース：eMP），業界システムなどに大別される。

7.8 企業間 EC

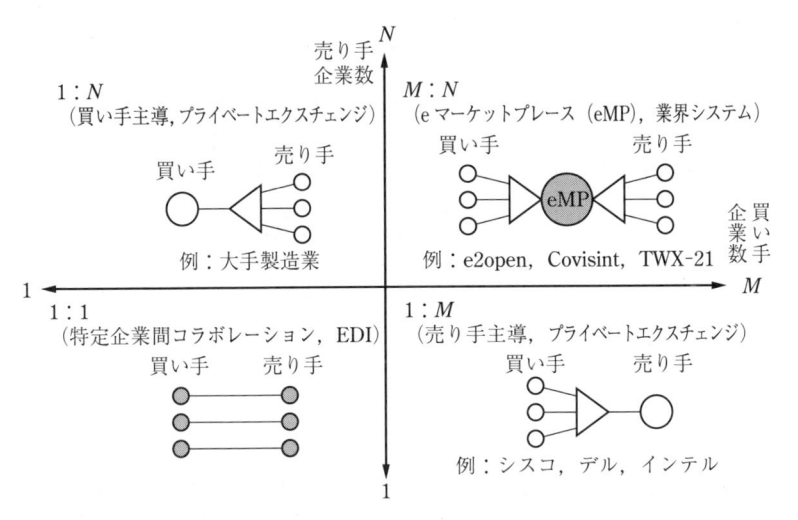

```
       売り手
       企業数
        N
1:N     │     M:N
(買い手主導,プライベートエクスチェンジ)    (eマーケットプレース(eMP),業界システム)
  買い手  売り手        買い手    売り手
   ○───▷○           ○\   /○
        ○            ○─▷eMP◁─○
        ○            ○/   \○
  例:大手製造業         例:e2open, Covisint, TWX-21
                                              企 買
                                              業 い
1 ←─────────────────────────→ M  数 手
1:1                 1:M
(特定企業間コラボレーション,EDI)  (売り手主導,プライベートエクスチェンジ)
  買い手  売り手        買い手    売り手
   ●───●            ○\
   ●───●             ○─▷○
   ●───●            ○/
                    例:シスコ,デル,インテル
        1
```

図 7.26 B to B EC のタイプ

売り手主導のプライベートエクスチェンジは，製造業の直販ビジネスになり，基本的に B to C EC と同じである．中間コスト削減，注文生産による在庫削減，マーケットと直結した生産計画と製品企画などを目的として開設・運営される．一方，買い手主導のプライベートエクスチェンジは，仕入れ価格の低減ならびに調達期間の短縮を目的とした資材調達システムになる．

e マーケットプレースは，企業間 EC 版のインフォメディアリィである．調達および販売チャネルの増加（商圏拡大），新規パートナーとの早期取引開始，情報共有による企業間連携強化，発注価格の削減（10～20％），調達業務の効率化（ワークフロー連携も），などをねらって開設・利用されるものである．

米国では 1997 年ごろから，ベンチャー企業のサードベンダーが運営する売り手と買い手が対等な関係の e マーケットプレースが，業種，製品ごとに多数立ち上がった．それらは，汎用品のスポット売買が取扱品の中心であった．日本では，それらのベンチャー企業と提携する形で商社を中心として，2～3 年遅れでサイトが立ち上がっている（**図 7.27**）．例えば，鉄鋼業界では，**表 7.3** のような e マーケットプレースがあったが，製造業者が運営する売り手主導のプライベートエクスチェンジ的色彩が強い「いい在庫ドットコム」を残して撤

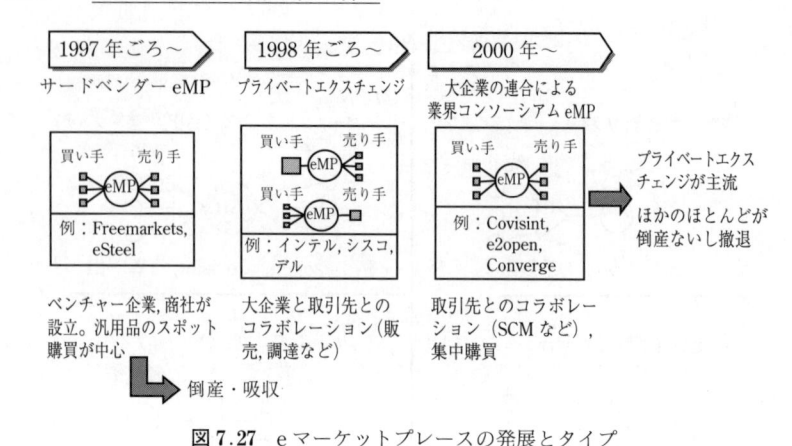

7. 電子商取引

```
┌─1997年ごろ〜─┐   ┌─1998年ごろ〜─┐   ┌─2000年〜─┐
 サードベンダーeMP      プライベートエクスチェンジ     大企業の連合による
                                            業界コンソーシアムeMP
```

例：Freemarkets, eSteel　　例：インテル, シスコ, デル　　例：Covisint, e2open, Converge

ベンチャー企業，商社が設立。汎用品のスポット購買が中心

大企業と取引先とのコラボレーション（販売，調達など）

取引先とのコラボレーション（SCM など），集中購買

→ プライベートエクスチェンジが主流　ほかのほとんどが倒産ないし撤退

倒産・吸収

図 7.27　e マーケットプレースの発展とタイプ

表 7.3　日本の鉄鋼業界における e マーケットプレース

サイト名	出資企業	サービス開始	備考
スマートオンライン	三菱商事，三井物産，日商岩井，豊田通商，ニチメン，米国 e-steel	2000年9月	2003年5月：撤退
日本メタルサイト	丸紅，伊藤忠，住友商事，米国メタルサイト社	2000年9月	2003年2月：撤退（会社解散）
鋼材ドットコム	日鉄商事，住金物産，神鋼商事	2000年6月	

退している．失敗の理由としては，① 企業間の取引は，商品の仕様が複雑で，価格以外に品質，納期，取引先の与信などが重要であること，② 単なるインフラ（場）のみの提供ではだめなこと，③ 商習慣や慣例が複雑，個別的（信用，決済，物流），④ 採算がとれないニッチ市場への参入，⑤ 経営トップの理解不足や意思決定の遅さ，などが考えられる．

このようなサードベンダー型のeマーケットプレースに対抗して，米国では1998年ごろから大手企業自らがプライベートエクスチェンジを立ち上げ，取引先とのコラボレーション（販売，調達など）による関係強化，新規取引先の開拓の手段として活用を進めた．インテル，デル，シスコなどの例が有名である．また，同時に，大手企業連合による業界コンソーシアムが運営するeマーケットプレースが出現してきた．IBM，日立，東芝，松下電産，ルーセント

などが 2000 年 7 月に開設した電子部品・半導体を中心に扱う IT 産業の e2 open（日本法人は 2001 年 5 月），フォード，GM，クライスラーが中心に 2000 年 2 月に開設した自動車業界の Covisint などがその代表である．e2 open には，2004 年 5 月時点で，全世界で 3 000 社以上が接続し，1 か月当り 3 億アイテム，300 万トランザクション以上の取引が行われている．

　企業間 EC では，B to C EC 以上に高信頼なシステムが必要になるほか，それぞれの企業がもっている基幹系の情報処理システムと電子的に連携することが必要である．そのため，ユーザー自身で一からシステムを構築・運営したり，取引先との関係を調整するのは，時間的にも費用的にも，また専門家を集めるのもたいへんなので，サービスプロバイダーにアウトソースするケースが増えている．その代表的なものが，1997 年秋からサービスを開始した日立製作所の B to B EC サービス，TWX-21（Trade Winds on Extranet-21）である．2005 年 5 月現在，製造業（62 %），卸・小売業（29 %）を中心に 27 800 社の会員を擁している．TWX-21 のイメージ図を図 7.28 に示す．

　また，図 7.29 は，TWX-21 の概略システム構成を示したものである．

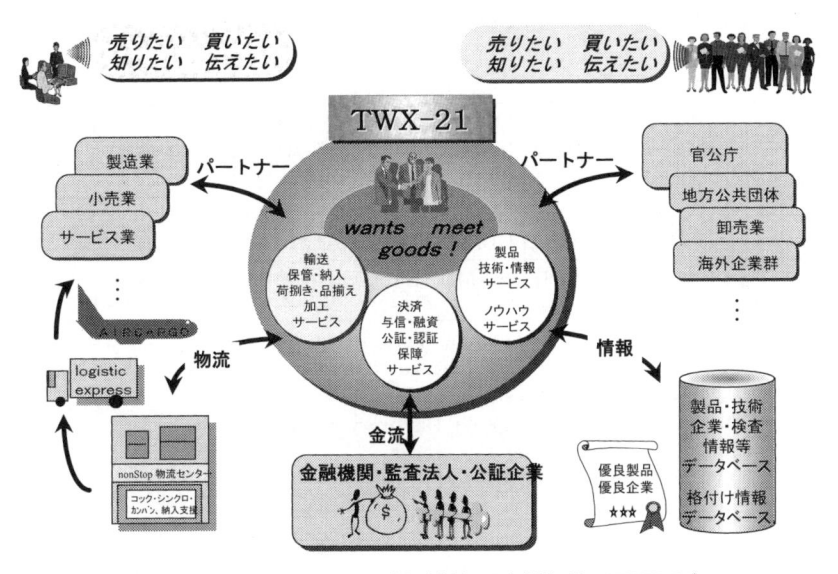

図 7.28　B to B システムの例（（株）日立製作所の TWX-21）

7. 電子商取引

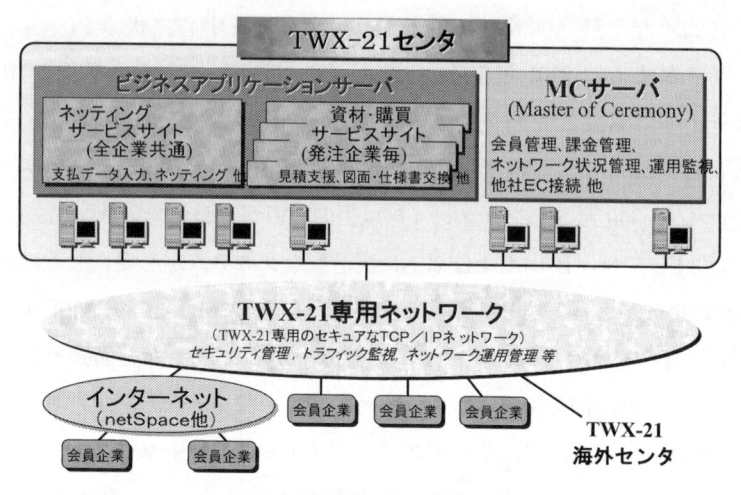

図7.29 TWX-21の概略構成

表7.4 B to B EC 標準化動向

対象		標準化項目	主要な標準
業務プロセス	調達・販売	EDI：受発注情報（定型業務）	EDIFACT（世界），CII（日本），ANSI X.12（米国） XML-EDI　　従来EDI（定型業務）のXML対応
		調達・販売プロセス（非定形を含む）	RosettaNet　電子部品・半導体 CPFR　　　　流通業を中心
	設計	設計プロセス・図面情報の標準化	STEP
コード		製品・カタログ情報	ECALS　　　電子/半導体（日本） RosettaNet　電子/半導体（ECALSを参考） GTIN　　　　米国の商品コード
		企業情報	DUNS　企業コード UDDI　企業情報（イエローブック）の標準とサービス
インフラ		B to B EC間連携のインフラ規約	ebXML　B to B EC間連携のインフラ規約 （TPA, ディレクトリ，メッセージング（SOAP）など）

注) CPFR： Collaborative Planning, Forecasting & Replenishment
　　STEP： Standard for the Exchange of Product Model Data
　　ebXML： Electronic Business XML
　　UDDI： Universal Description, Discovery and Integration
　　TPA： Trading Partner Agreement
　　SOAP： Simple Object Access Protocol

TWX-21では，セキュリティ確保のため，暗号ならびにディジタル署名が用いられている．また，電子部品業界のeマーケットプレースであるe2openとも連携している．

　企業間ECでは，単にそれぞれの企業の情報システムを接続するだけでは，意味をなさない．企業（の情報システム）間で円滑にデータを交換するため，コードや業務プロセス（ビジネスプロトコル，business protocol）の標準化が必要である．表7.4に，B to B EC標準化動向を示す．従来のEDI標準であるANSI-X.12やEDI-FACT，CIIなどのXML形式への置き換えも行われているが，XMLの特徴を生かして，従来のEDIではできなかった，企業間のよりダイナミックで協調型のビジネスプロセスのための標準を作っていこうという動きが活発である．

引用・参考文献

さらに学習を深めるために参考になると思われる文献を，国内で発刊されているものを中心に示す．

第1章および全般
1) 情報処理学会編：新版 情報処理ハンドブック，オーム社（1995）
2) 情報処理学会 歴史特別委員会編：日本のコンピュータ発達史，オーム社（1998）
3) 水越 伸ほか：コンピュータ半世紀，ジャストシステム（1996）
4) 杉本英二：インターネット時代の情報システム入門 改訂版，同文舘出版（2003）
5) 日本情報処理開発協会編：情報化白書2004，コンピュータエージ社（2004）

第2章
1) 田中克己，石井信明，計測自動制御学会編：スケジューリングとシミュレーション，計測自動制御学会（1995）
2) 栗原謙三，明石吉三：経営情報処理のためのオペレーションズリサーチ，コロナ社（2001）
3) 黒田 充，村松健児：生産スケジューリング，朝倉書店（2002）
4) M．ミッチェル著，伊庭斉志監訳：遺伝的アルゴリズムの方法，東京電機大学出版局（1997）
5) 坂和正敏，田中雅博：ニューロコンピューティング入門，森北出版（1997）
6) E．ゴールドラット著，三本木亮訳：ザ・ゴール ―企業の究極の目的とは何か―，ダイヤモンド社（2001）
7) 山中克敏：最強の経営手法TOC，日経BP社（2003）
8) 森脇博生，岡野健一：BPR/ERPによる戦略的業務革新，日経BP社（2003）
9) ERP研究会著：失敗しないERP導入ハンドブック，日本能率協会マネジメントセンター（2002）
10) SCM研究会編：サプライチェーン・マネジメントがわかる本，日本能率協会

マネジメントセンター（1998）
11) 黒田　充，三村優美子：サプライチェーン・マネジメント ―企業間連携の理論と実際―，朝倉書店（2004）
12) 久保幹雄：ロジスティクス工学，朝倉書店（2001）
13) P. Adriaans, D. Zantinge 著，山本英子，梅村恭司訳：データマイニング，共立出版（1998）
14) M. ベリー，G. リノフ著：マスタリング・データマイニング ―CRM のアートとサイエンス 事例編―，海文堂出版（2002）
15) 諸島伸治監修，安信千津子，坂下正洋著：金融サービス統合の IT 戦略，東洋経済新報社（2001）
16) 矢島邦昭：投資理論とリスク管理，学文社（1997）

第3章

1) 石井威望：モバイル革命 ―「移動する情報」がビジネスを変える―，PHP研究所（1999）
2) 戸田保一，飯島淳一，速水治夫，堀内正博：ワークフロー，日科技連出版社（1998）
3) 戸田保一，飯島淳一編：ビジネスプロセスモデリング，日科技連出版社（1998）
4) 電気学会ワークフロー調査専門委員会編：ワークフローの実際，日科技連出版社（1999）
5) 宍戸周夫，杉山　秋：Groupmax ワークフロー，IDG コミュニケーションズ（1999）
6) 日本テレワーク協会編：テレワーク白書 2003，日本テレワーク協会（2003）
7) 小林　隆：ビジネスプロセスのモデリングと設計，コロナ社（2005）

第4章

1) 内山悟志，遠藤玄声：TCO 経営革新，生産性出版（1998）
2) G. M. コーキンス著，伊藤武志訳：実践 ABC マネジメント，日本能率協会マネジメントセンター（1998）
　　原著は，G. M. Cokins：Activity-Based Cost Management, McGraw-Hill Companies（1996）
3) アーサーアンダーセンビジネスコンサルティング：シェアードサービス，東洋経済新報社（1999）

4) 森　秀明：IT不良資産，ダイヤモンド社（2003）
5) S.ノークス著，櫻井通晴監訳：ITコストの管理，東洋経済新報社（2001）
　　原著は，S. Nokes：Taking Control of IT Costs：A business Managers Guide, Financial Times Prentice Hall（2000）
6) 日経BP社：レガシーマイグレーションへの挑戦，日経BP社（2003）
7) アレア著：失敗のないファンクションポイント法，日経BP社（2002）

第5章

1) P. A. ストラスマン著，末松千尋訳：コンピュータの経営価値，日経BP出版センター（1994）
　　原著は，P. Strassmann：Business Value of Computers, Information Economic Press（1990）
2) R. S. キャプラン，D. P. ノートン著，吉川武男訳：バランススコアカード ―新しい経営指標による企業変革―，生産性出版（1997）
　　原著は，R. S. Kaplan and D. P. Norton：The Balanced Scorecard, Harvard Business School Press（1996）
3) R. スターム，W. モーリス，M. ジャンダー著，SLA/SLM研究会監訳：標準サービスレベルマネジメント ―ITサービス最適化のために―，オーム社（2003）
　　原著は，R. Sturm, W. Morris, and M. Jander：Foundations of Service Level Management, Sams（2000）
4) 松島桂樹：戦略的IT投資マネジメント ―情報システム投資の経済性評価，白桃書房（1999）
5) P. ウェイル，M. ブロードベント，福嶋俊造訳：ITポートフォリオ戦略論 ―最適なIT投資がビジネス価値を高める―，ダイヤモンド社（2003）
　　原著は，P. Weill and M. Broadbent：Leveraging the New Infrastructure：How Market Leaders Capitalize on IT, Harvard Business School Press（1998）
6) 中沢　恵，池田和明：キャッシュフロー経営入門，日本経済新聞社（1998）
7) E. ブリニョルフソン著，CSK訳：インタンジブルアセット，ダイヤモンド社（2004）
8) ITガバナンス協会著，ISACA東京支部訳：COBIT 3rd Editionマネジメントガイドライン，アイテック（2003）
　　原著は，IT Governance Institute：COBIT 3rd Edition Management Guide-

lines, ISACA (2000)
9) 小野修一：情報化投資効果を生み出す 80 のポイント ―効果を見極めるためのマネジメント手法―，工業調査会（2003）
10) 野村総合研究所：IT 活用勝ち残りの法則，野村総合研究所（2004）
11) NTT データ編：IT ケイパビリティ，日経 BP 社（2004）
12) 大内　東，高谷敏彦，森本伸夫：技術者のための現代経営戦略の方法 ―バランススコアカードを中心として―，コロナ社（2005）

第 6 章

1) 佐々木良一：インターネットセキュリティ入門，岩波書店（1999）
2) 畠中伸敏編著：情報セキュリティのためのリスク分析・評価 ―官公庁，金融機関，一般企業におけるリスク分析・評価の実践，日科技連出版社（2004）
3) 電子情報通信学会編：情報セキュリティハンドブック，オーム社（2004）
4) R. アンダーソン著，トップスタジオ訳：情報セキュリティ技術大全 ―信頼できる分散システム構築のために―，日経 BP 社（2002）
5) 情報処理推進機構編著：情報セキュリティ読本，実教出版（2004）
6) 土居範久監修：情報セキュリティ事典，共立出版（2003）
7) 瀬戸洋一：サイバーセキュリティにおける生体認証技術，共立出版（2002）
8) 松田政行監修・著，IT 企業法務研究所編：図解よくわかる個人情報保護法，日刊工業新聞社（2004）
9) P. バーンスタイン著，青山　護訳：リスク ―神々への反逆―，日本経済新聞社（1998）
10) 情報教育学研究会編著：インターネット社会を生きるための情報倫理，実教出版（2002）
11) Deborah G. Johnson 著，水谷雅彦，江口　聡監訳，コンピュータ倫理学，オーム社（2002）
12) Tom Forester, Perry Morrison 著，久保正治訳，コンピュータの倫理学，オーム社（2002）
13) 杉本泰治，高城重厚：第 2 版 大学講義 技術者の倫理入門，丸善（2002）
14) サラ・バーズ著 日本情報倫理協会訳：IT 社会の法と倫理，ピアソンエデュケーション（2002）
　　原著は第 2 版が出ている。Sara Baase, "A Gift of Fire, 2nd edition", Prentice Hall（2003）

第7章

1) 岡本栄司編著：エレクトロニックコマース，昭晃堂（2000）
2) 舩橋誠寿編著：ネットベース・アプリケーション，裳華房（2002）
3) 菅坂玉美ほか著，北村泰彦ほか編：e ビジネスの理論と応用，東京電機大学出版局（2003）
4) 時永祥三，松野成悟：オープンネットワークと電子商取引，白桃書房（2004）
5) 丸山正博：電子商取引入門，八千代出版（2004）
6) 中山信弘編：電子商取引に関する準則とその解説，商事法務（2004）
7) 花岡 菖編著：B to B 企業間情報システムの現状と動向，白桃書房（2002）
8) 森田 進，ストラテジック・リサーチ著：複雑適応系と電子市場，企業間電子取引，ピアソンエデュケーション（2002）
9) 舘龍一郎監修，日本銀行金融研究所編：電子マネー・電子商取引と金融政策，東京大学出版会（2002）
10) D. ペパーズ，M. ロジャーズ著，井関利明ほか監訳：ONE to ONE 企業戦略，ダイヤモンド社（1997）
　　原著は，D. Peppers, M. Rogers：Enterprise one to one, Dell Publishing Group（1997）

索　引

【あ】

アウトソーシング　63, 88
アフィリエイトプログラム　159
アフィリエイト制度　154
アマゾンドットコム　153
暗号化　129

【い】

意思決定　4
意思決定支援システム　6, 26
遺伝的アルゴリズム　29
インターネット　12
インターネット広告　158
インターネットバンキング　56
インフォメディアリィ　157

【う】

運用管理ツール　87

【え】

エレクトロニックコマース　148
エンタープライズアーキテクチャ　13
エンタープライズポータル　13
エンドユーザーサポート　81
エンドユーザー処理　82

【お】

オープン化　11
オペレーションズリサーチ　28
オンラインシステム　10
オンラインショッピング　152

【か】

会員制　161
階層型　16
開発工数　94
外部サービスプロバイダ　88
拡張性　112
活動基準管理　34
活動基準原価計算　34, 84
貨物追跡システム　47
可用性　111
勘定系システム　5, 51

【き】

基幹業務系システム　25
キャパシティ　112
キャンペーン管理　60
業界コンソーシアム　176
行政手続オンライン化法　151
共通鍵暗号　129
共同センター化　62
業務プロセス　68, 179
金融オンラインシステム　49

【く】

クラッカー　121
グループウェア　66
クレジット情報システム　53
クローズドループ型　166

【け】

経営企画部　12
経営情報システム　25
経営情報システム部　12
経済協力開発機構　143
携帯電話　11
ゲートウェイ　56
現金自動受け払い機　52

【こ】

公開鍵暗号　129
公開鍵基盤　132
構造的問題　5
公的個人認証法　151
顧客関係管理　44, 59
顧客管理　33
顧客生涯価値　60
個人情報　141
個人情報の保護に関する法律　144
コストセンター　91
コンピュータウイルス　124
コンピュータ犯罪　122

【さ】

在庫管理　30
サテライトオフィス　74
サードパーティロジスティクス　64
サーバ統合　87
サービスレベル項目　111
サプライチェーン参照モデル

	37
サプライチェーンプランニング	37
サプライチェーンマネジメント	12
3 PL	64

【し】

シェアードサービス	91
資金移動・金融情報提供システム	53
資材所要量計画	30
資材調達	30
市場リスク	59
システム部	11
事前出荷明細	38
集中センターシステム	54
受注生産	26
需要予測	31
巡回セールスマン問題	43
純粋リスク	136
商品販売モデル	156
情報系システム	6, 25
情報サービス産業	21
情報システム	1
情報仲介業	157
情報統括役員	15
ジョブ	28
シンクライアント	87
進捗管理	32
信用リスク	59

【す】

ステージ理論	14
ストアコントローラ	40

【せ】

正確性	111
生産計画	28
生産スケジューリング	28
生体認証	132
性　能	111
制約条件の理論	29
セキュリティ	112
セキュリティホール	125
戦略的アウトソーシング	88
戦略的情報システム	11
戦略マップ	107

【そ】

倉庫モデル	154
ソースマーキング	38
ソフトウェア業	20

【た】

対外接続系システム	25
多科目連動処理	50

【ち】

チャネル系システム	25
中間管理層	17
中間業者排除モデル	157
著作権保護	161

【つ】

追跡管理	47

【て】

ディスカウントキャッシュフロー法	103
データウェアハウス	25
データベースセキュリティ	127
データベースマーケティング	44
データマイニング	45
テレフォンバンキング	55
テレマーケティング	55
テレワーク	74
電算室	10
電子契約法	150
電子決済	165
電子市場	174
電子商取引推進協議会	151
電子署名	130
電子署名および認証業務に関する法律	150
電子透かし	132
電子認証	132
電子マネー	165

【と】

投機的リスク	136
統合業務パッケージ	12

【に】

ニューラルネットワーク	32
認証局	132, 163

【ね】

ネットワーク化	11
ネットワーク型電子マネー	165
ネットワークセキュリティ	127

【の】

納期回答	33
納期管理	32

【は】

配送計画問題	42
バーコード	39
パーソナライゼーション	161
バーチャルコーポレーション	63
ハッカー	121
バランススコアカード	106
バリューアットリスク	59

【ひ】

非構造的問題	5

索　引

【ひ】		【へ】		モバイルバンキング	57
ビジネスプロセス	68	ベストプラクティス	35	【ゆ】	
ビジネスプロセスアウトソーシング	88	ヘルプデスク	90	有料コンテンツ	171
ビジネスプロセスリエンジニアリング	12, 71	【ほ】		ユーザーSE	21
ビジネスプロトコル	46	ポイント制	161	輸送問題	43
ビジネスモデル特許	154	【ま】		【り】	
ピラミッド型	16	マーケットプレース	173	リアルオプション法	104
【ふ】		窓口端末	53	リスクコントロール	137
ファイアウォール	128	【み】		リスクファイナンシング	137
ファイル交換ソフトウェア	162	見込生産	26	リゾート型オフィス	74
ファームバンキング	54	見積もり	33	利用者満足度	112
ファンクションポイント法	94	【む】		【れ】	
フィッシング	163	無線ICタグ	48	連続補充方式	38
プライバシー保護ガイドラインの8原則	143	【め】		【わ】	
プライベートエクスチェンジ	174	メーカーSE	20	ワークフロー管理システム	66
フラット型	16	メトカーフの法則	158	ワークフロー管理連合	67
プロセス	68	【も】		ワークフローシステム	67
プロフィットセンター	91	モバイルコマース	148	ワーム	125

【A】		【C】		【D】	
ABC	34, 84	CA	132	DES	129
ABM	34	CAD	33	DSS	26
ASN	38	CAFIS	53	DWH	25
ASP	88	CALS	149	【E】	
ATM	52	CAM	33		
【B】		CIO	11, 15, 105	EC	148
		CMS	53	EDI	173
BPM	13	COCOMO	94	EDPS	5
BPO	88	CRM	44, 59	EDP部	10
BPR	12, 35, 71	CRP	38	Edy	169
BTO	36			e-Japan戦略	150
B to B ECサービス	177			EOS	41

EOSシステム	41	MRP	30	SET	164
ERP	12	MSP	88	SIS	11
eマーケットプレース	174			SLA	89
【F】		**【N】**		SOHO	74
		NPV	104	SSL	163
FMS	32			Suica	169
【I】		**【O】**		**【T】**	
		OA	10		
ICOCA	169	OECD	143	TCO	79
ICカード型電子マネー	166	OR	28	TOC	29
IFPUG	94			TSP	43
ITアウトソーシング	88	**【P】**		TWX-21	177
IT基本法	150	PHS	11		
IT書面一括法	150	PiTaPa	169	**【V】**	
ITリテラシー	91	PKI	132	VaR	59
		POSシステム	39		
【J】				**【W】**	
JANコード	40	**【R】**		WfMC	67
【K】		RFID	48	**【X】**	
		RFM分析	44		
KPI	108	ROI	103	XML	65
【L】		RSA	129	xSP	88
LOC	94	**【S】**			
【M】		SCM	12		
		SCOR	37		
MIS	10	SCP	37		

―― 著者略歴 ――

薦田　憲久（こもだ　のりひさ）
1972 年　大阪大学工学部電気工学科卒業
1974 年　大阪大学大学院修士課程修了
　　　　（電気工学専攻）
1974 年　株式会社日立製作所勤務
～92 年
1981 年　米国 UCLA 客員研究員
～82 年
1982 年　工学博士（大阪大学）
1992 年　大阪大学助教授
1993 年　大阪大学教授
1998 年　大阪大学大学院教授
　　　　現在に至る

水野　浩孝（みずの　ひろたか）
1979 年　大阪大学工学部電気工学科卒業
1981 年　大阪大学大学院修士課程修了
　　　　（電気工学専攻）
1981 年　株式会社日立製作所勤務
～2004 年
1998 年　大阪大学大学院博士課程修了
　　　　（情報システム工学専攻）
1998 年　博士（工学）（大阪大学）
2004 年　東海大学助教授
2007 年　東海大学准教授
2011 年　東海大学教授
　　　　現在に至る

赤津　雅晴（あかつ　まさはる）
1987 年　東京大学工学部計数工学科卒業
1987 年　株式会社日立製作所勤務
　　　　現在に至る
1996 年　米国スタンフォード大学客員研究員
～97 年
2003 年　大阪大学大学院博士課程修了
　　　　（情報システム工学専攻）
2003 年　博士（工学）（大阪大学）

ビジネス情報システム
Business Information Systems
© Norihisa Komoda, Hirotaka Mizuno, Masaharu Akatsu 2005

2005年8月18日 初版第1刷発行
2014年3月5日 初版第2刷発行

検印省略	著 者	薦　田　憲　久
		水　野　浩　孝
		赤　津　雅　晴
	発 行 者	株式会社　コロナ社
	代 表 者	牛来真也
	印 刷 所	新日本印刷株式会社

112-0011　東京都文京区千石4-46-10
発行所　株式会社　コロナ社
CORONA PUBLISHING CO., LTD.
Tokyo　Japan
振替 00140-8-14844・電話(03)3941-3131(代)
ホームページ http://www.coronasha.co.jp

ISBN 978-4-339-02630-6　（安達）　（製本：愛千製本所）
Printed in Japan

本書のコピー，スキャン，デジタル化等の無断複製・転載は著作権法上での例外を除き禁じられております。購入者以外の第三者による本書の電子データ化及び電子書籍化は，いかなる場合も認めておりません。

落丁・乱丁本はお取替えいたします